L'ANALYSE DU LANGAGE
CHEZ L'ENFANT
Les activités métalinguistiques

Serge Brédart
Jean-Adolphe Rondal

L'analyse du langage chez l'enfant
Les activités métalinguistiques

Deuxième édition

MARDAGA

© by Pierre Mardaga éditeur
Hayen 11 - B-4140 Sprimont
D. 1997-0024-7

à Eustratios Stafilas

Préambule

Le sujet de ce livre est la réflexion de l'enfant sur son langage au sens large. Aussi, le terme « analyse » apparaissant dans le titre doit être pris dans le sens d'« analyse explicite ».

Ce sujet d'étude est relativement récent. En un peu plus de 10 ans, les chercheurs ont néanmoins publié de nombreux travaux liés plus ou moins directement à ce sujet. Il nous est apparu utile de rassembler en un petit ouvrage l'essentiel des données que nous avons pu consulter.
Ce livre est avant tout une introduction et ne prétend pas à l'exhaustivité.
Nous avons délibérément opté pour une présentation des données empiriques et non pour une théorisation du développement métalinguistique qui semble prématurée à l'heure actuelle.

A l'occasion de discussion avec ceux qui ont bien voulu lire certaines parties du manuscrit, nous avons remarqué que l'utilisation des termes précédés de « méta » pouvait gêner (voire irriter) le lecteur. Qu'il soit clair que ce n'est pas par « pédantisme scientifique » que nous utilisons ce préfixe mais seulement pour respecter une terminologie employée couramment dans la littérature sur le sujet.

Nous remercions vivement le professeur Noam Chomsky d'avoir aimablement accepté de se prêter à la caricature dans la représentation du linguiste en herbe (voir p. 6).

Nous remercions également D. Mouton et M.L. Moreau pour leurs intéressantes suggestions ainsi que Agnula Castias, Angélique Giakis, Simone Van Antwerpen et Eustratios Stafilas pour leurs aides techniques et dactylographiques.

S.B. et J.A.R.

Introduction

1. Définition

On définira *la connaissance métalinguistique* comme *toute connaissance explicite ayant trait à la structure, au fonctionnement et à l'usage du langage*. La prise de conscience et la réflexion métalinguistique seront traitées en tant qu'activités cognitives dont l'objet est le langage dans un ou plusieurs de ses aspects.

On peut distinguer deux grands axes d'étude de la connaissance métalinguistique. Un certain nombre de chercheurs investiguent l'évolution des connaissances ou de la réflexion portant sur le *comportement linguistique* ou communicatif au sens large (métacommunication). Le développement métacommunicatif doit être considéré comme un cas particulier du développement métacognitif, c'est-à-dire, de l'évolution des connaissances ou de la réflexion sur les phénomènes cognitifs eux-mêmes (cfr. Flavell, 1976, 1977, 1978). D'autres chercheurs se sont plutôt attachés à décrire l'évolution de la connaissance explicite des règles et des aspects formels du *système linguistique*. Illustrons cette distinction à l'aide de divers exemples.

a) *La métacommunication*

La métacommunication se définira comme la connaissance explicite des principales variables qui influencent les performances de communication. Dans le cadre théorique défini par Flavell (1978), on définit trois catégories de variables.

1. *Les variables tenant aux personnes.* Il s'agit de voir si l'enfant se rend compte de l'existence d'une variabilité inter- et intra-individuelle dans la performance communicative.

L'enfant doit notamment apprendre que ses interlocuteurs ont des limitations dont il faut tenir compte quand on communique avec eux. L'enfant apprendra, par exemple, qu'on communique les choses différemment à un jeune enfant et à un adulte. Le problème de l'adaptation du discours à l'âge de l'interlocuteur sera abordé au chapitre 1. Outre cette variable d'âge, l'enfant doit encore apprendre qu'il existe une variabilité inter-individuelle au sein des personnes du même âge et qu'il existe aussi une variabilité intra-individuelle. Les connaissances impliquées à ce niveau vont de la constatation générale qu'un individu «X» fait plus d'erreurs linguistiques quand il est fatigué que lorsqu'il est «en pleine forme» jusqu'à une connaissance très précise des variations des capacités communicatives de cet individu, par exemple: «X» n'est pas un orateur doué, il est spécialement mauvais lorsqu'il doit exposer des réalités abstraites; il devient compréhensible quand il parle de choses concrètes et seulement lorsqu'il y a peu de monde autour de lui. L'enfant peut appliquer ce type de connaissance à ses propres capacités.

Dans ses premiers écrits sur le sujet, Flavell (1977) rattache à cette sous-catégorie le contrôle actif et l'évaluation des messages en cours de production. Dans le cas où l'enfant est locuteur, le contrôle implique l'évaluation de l'inadéquation d'un message suivie d'une correction ou d'une explicitation par paraphrases (la production d'autocorrections du discours sera envisagée au chapitre 1). Si l'enfant est auditeur, le contrôle implique la détection des inadéquations dans le discours d'autrui et la production de requêtes en clarification, d'hétérocorrections ou de toute autre action visant à amener le locuteur à modifier son message.

2. *La variable « tâche »*. Est concernée ici toute connaissance permettant une adaptation des activités de production ou de réception du discours en fonction des contraintes de la situation d'émission. Il s'agit, par exemple, de se rendre compte que la communication référentielle est souvent plus difficile au téléphone parce que les comportements paraverbaux et le contexte extralinguistique ne peuvent aider à clarifier le message émis, notamment en compensant une éventuelle ambiguïté verbale. Il s'agit aussi de concevoir qu'en dehors des contraintes situationnelles, certaines réalités sont plus difficiles à communiquer que d'autres et que ce type de communication exige un effort volontaire de clarté d'expression de la part du locuteur et une écoute attentive de la part de l'auditeur.

3. *La variable « stratégie »*. Pour Flavell, la connaissance des stratégies de communication est surtout liée au rôle de locuteur. Le locuteur émérite sait comment coder et organiser l'information de façon à faciliter la compréhension de l'auditeur et à manipuler ce dernier éventuellement. Ces stratégies comprennent l'évaluation de la compréhension de l'auditeur, la préparation au message à venir (stratégie très utilisée dans les activités verbales visant à manipuler l'interlocuteur) ou encore le choix d'un moyen de communication approprié.

b) La réflexion sur le système linguistique

L'enfant sera vu ici en tant qu'observateur de la langue, en quelque sorte comme un linguiste en herbe. Les connaissances en question portent sur les différents niveaux du système linguistique.

Au niveau phonétique, ces connaissances peuvent se manifester par des questions sur la prononciation d'un mot, une déformation volontaire de la prononciation à des fins humoristiques, l'expression de la conscience d'une prononciation réussie ou défectueuse, des commentaires sur la prononciation d'autrui et, bien sûr, la segmentation de la parole en unités phonétiques, etc. Les questions sur le sens des mots, la réflexion étymologique, les jugements d'anomalie, de synonymie et d'ambiguïté linguistique dénotent des connaissances ou une réflexion sur les aspects sémantiques de la langue. Enfin, les jugements de grammaticalité et l'analyse grammaticale (pratiquée systématiquement à l'école) peuvent attester d'une réflexion sur la syntaxe. Le tableau 1 reprend des exemples de connaissances métalinguistiques qui seront traitées dans le présent ouvrage.

Tableau 1
Exemples de connaissances et d'activités métalinguistiques portant sur la structure et le fonctionnement de la langue

Composante du système linguistique	Connaissance explicite impliquée	Activité métalinguistique
Niveau phonétique	Connaissance de la structure phonétique de la parole	- Analyse explicite du discours en unités phonétiques (segmentation en phones ou en syllabes)
Niveau sémantique	Connaissance des règles et des réalités sémantiques de la langue	- Jugement d'anomalie avec correction éventuelle - Jugement de synonymie - Jugement d'ambiguïté linguistique et compréhension des doubles sens
Niveau syntaxique	Connaissance des règles syntaxiques de la langue	Jugement de grammaticalité du discours avec correction éventuelle des énoncés non grammaticaux

2. Le caractère explicite de la connaissance et de la réflexion métalinguistique

La connaissance métalinguistique est définie ci-dessus comme une connaissance explicite. Cependant, dans la littérature, certaines activités sont qualifiées de métalinguistiques sans que l'on ait déterminé si elles nécessitent soit une réflexion sur le langage, soit une prise de conscience ou une connaissance explicite d'un aspect quelconque du système linguistique.

Le cas où il est le plus facile de déterminer si une réflexion ou une connaissance métalinguistique est en jeu est celui où un enfant, confronté à une tâche où le problème posé est de nature linguistique ou «psycholinguistique», verbalise sa réflexion ou sa connaissance. Par exemple, si on demande à un enfant d'expliquer pourquoi un auditeur ne comprend pas le message de son interlocuteur dans une situation donnée, l'explication de l'enfant apparaît clairement comme une verbalisation de sa réflexion sur la cause de l'échec de communication. Si un enfant répond qu'une phrase telle que « la chemise sont bleue » est incorrecte parce que le sujet est au singulier et le verbe au pluriel et que cela ne correspond pas aux règles grammaticales du français, il verbalise clairement une connaissance métalinguistique. Il n'est évidemment pas nécessaire que l'enfant emploie les étiquettes « sujet », « verbe », « singulier », etc. Une réponse telle que « Si on dit 'la chemise', on doit dire 'est' et pas 'sont' » témoignerait aussi bien d'une connaissance explicite de la règle linguistique considérée.

Des exemples de réflexion explicite sur le comportement langagier ont été fournis plus haut.

La verbalisation d'une connaissance peut poser un problème en soi à certains enfants (en particulier les plus jeunes). Il est parfois compliqué de déterminer dans quelle mesure les difficultés d'un enfant sont attribuables à une lacune au niveau des connaissances métalinguistiques plutôt qu'à un problème de verbalisation des connaissances. Pour cette raison, certains chercheurs tentent de mettre au point des procédures où l'enfant peut manifester clairement une réflexion métalinguistique sans utilisation d'une verbalisation longue et complexe. On peut, par exemple, imaginer des techniques à choix multiples où, après avoir détecté une ambiguïté linguistique dans une phrase, la tâche de l'enfant n'est pas de produire une paraphrase pour chaque interprétation possible de la phrase proposée mais de retrouver parmi plusieurs dessins, ceux qui constituent des interprétations possibles de la phrase en question. D'autres auteurs préfèrent appréhender la connaissance de façon indirecte, notamment à travers des jugements exigeant peu de verbalisation. Par exemple, la connaissance des règles syntaxiques peut être inférée à partir de jugements explicites et de corrections, l'enfant ne devant pas verbaliser formellement les règles sur lesquelles il s'est basé pour juger et corriger.

La nature métalinguistique d'autres activités est parfois moins évidente. C'est le cas notamment pour certaines activités de « monitoring » de la production des messages en cours. Par exemple, certains enfants peuvent ajuster leur discours au niveau linguistique de leur interlocuteur sans manifester de connaissance explicite ou de prise de conscience des moyens d'adaptation employés. On serait donc en présence d'une expérience métacognitive (cfr Flavell, 1978) sans prise de conscience explicite. Cela amène quelques auteurs (Clark, 1978; Levelt, Sinclair et Jarvella, 1978; Brédart et Rondal, 1981) à considérer que certains aspects du monitoring de l'activité linguistique se situent à la limite de l'activité linguistique elle-même et de l'activité métalinguistique.

Il est clair pour la plupart des chercheurs que toutes les activités qualifiées de métalinguistiques n'exigent pas le même degré de connaissance des différents aspects du langage. On peut cependant regretter une certaine tendance à qualifier de métalinguistiques des activités n'impliquant pas clairement une réflexion explicite ou une verbalisation sur le langage. Cette tendance poussée à l'extrême risque de jeter la confusion la plus complète en ne permettant plus de distinguer la compétence linguistique (la connaissance implicite du langage qu'on peut raisonnablement postuler comme sous-tendant la performance linguistique) de la connaissance métalinguistique.

On trouve cette tendance chez Yaguello (1981). Elle écrit « Une bonne partie de l'activité métalinguistique est inconsciente. Elle sous-tend toute activité langagière ».

La signification que Yaguello accorde au terme « inconscient » est toutefois peu claire lorsqu'elle écrit encore « elle (l'activité métalinguistique) est évidemment inconsciente... chez tout locuteur, chaque fois qu'il est amené à faire 'des choix de paroles' : choix stylistiques, choix du mot juste, jeux de mots, pratique des mots croisés ou des charades ou de tout autre jeu mettant en œuvre une analyse du sens ou de la fonction des mots ».

On comprend assez mal pourquoi l'adjectif « inconscient » s'applique à l'activité métalinguistique présente dans la pratique de jeux tels que les mots croisés, les charades, etc. Nous considérons, en effet, que la pratique de tels jeux nécessite et amène, chez le joueur adulte au moins, des activités constituant des exemples clairs de réflexion métalinguistique consciente, même si cette dernière ne s'exprime probablement pas à l'aide d'un jargon linguistique.

La plupart des auteurs reconnaissant « intuitivement » que des activités telles que la segmentation du discours en unités phonétiques, les jugements explicites de grammaticalité, d'anomalie sémantique, de synonymie, d'ambiguïté, d'inadéquation référentielle et pragmatique sont métalinguistiques. Cependant, il n'existe pas de procédure permettant d'évaluer la conscience ou le caractère explicite d'une connaissance métalinguistique. Il est probable que cette lacune se maintiendra tant qu'on n'aura pas mieux déterminé ce que sont la conscience et la prise de conscience, c'est-à-dire tant que ne sera pas résolu un des problèmes théoriques majeurs de la psychologie générale.

3. Les contextes générateurs d'expériences et de réflexion métalinguistiques

On considère généralement que la situation d'apprentissage d'une langue (notamment la langue maternelle) est génératrice d'expériences métalinguistiques. Certains (Levelt, Sinclair et Jarvella, 1978) vont jusqu'à appliquer au langage l'idée bien connue selon laquelle l'automatisation d'une activité est précédée d'une période d'apprentissage conscient. Un tel point de vue semble s'appliquer parfaitement à l'apprentissage d'une deuxième langue par l'enfant en âge scolaire, mais l'expression «apprentissage conscient» peut paraître excessive en ce qui concerne le jeune enfant en voie d'acquisition de la langue maternelle. Néanmoins, on le verra, différents types de comportements spontanés du jeune enfant (par exemple, les questions sur le sens d'un mot, etc.) semblent témoigner de prises de conscience métalinguistiques précoces. Il est probable en outre que l'activité parentale de correction des erreurs de l'enfant est propre à provoquer des expériences métalinguistiques chez le jeune enfant.

Cette réflexion induite est systématisée quand l'enfant entre à l'école. L'enfant est confronté à différents types de tâches nécessitant ou provoquant une réflexion métalinguistique. Par exemple, l'apprentissage de la lecture nécessite une prise de conscience de la structure phonétique de la parole (cfr chapitre 3), l'apprentissage de la grammaire amène nécessairement une réflexion sur les aspects morphologiques et syntaxiques de la langue (cfr chapitre 5).

Un autre contexte général favorisant l'apparition de la réflexion métalinguistique est la situation d'échec de communication, c'est-à-dire la situation dans laquelle l'enfant n'est pas compris par son interlocuteur ou ne peut comprendre ce dernier. Ce type de situation est particulièrement propice à la prise de conscience des règles linguistiques ou conversationnelles à travers leur non-respect. En fait, on considère que toutes les expériences métacommunicatives sont susceptibles d'être appréhendées à travers les échecs de communication.

Enfin, un autre contexte favorable à ce niveau est la situation de bilinguisme ou de multilinguisme. L'exposition simultanée ou successive d'un enfant à plusieurs codes linguistiques favoriserait l'expérience métalinguistique en attirant précisément l'attention de l'enfant sur certaines caractéristiques formelles et fonctionnelles des différentes langues (Vygotsky, 1962; Ben-Zeev, 1977).

4. Aspects de la connaissance et de la réflexion métalinguistiques abordés dans le présent ouvrage

Nous abordons au chapitre 1 deux exemples de savoir-faire qui se situent à la limite de l'activité métalinguistique et de l'activité linguistique elle-même. Il s'agit de l'ajustement du discours au niveau linguistique de l'interlocuteur et des autocorrections de la production verbale en cours.

Nous présentons ensuite (chapitre 2) les données relatives à l'analyse de la valeur informative des messages. On envisage à ce niveau une réflexion métacommunicative qui peut influencer largement l'efficacité avec laquelle un enfant tient son rôle d'auditeur.

Dans les chapitres suivants, on résume les données concernant la connaissance explicite qu'a l'enfant des règles et des aspects formels du système linguistique à ses différents niveaux [étages phonétique (chapitre 3), sémantique (chapitre 4), syntaxique (chapitre 5)].

La plupart des connaissances et réflexions en jeu ont été présentées au tableau 1. Enfin, nous terminons par l'examen des données disponibles en ce qui concerne la production et la compréhension des métaphores ainsi que le développement des compétences littéraires (chapitre 6).

Chapitre 1
Aspects du contrôle des énoncés en cours de production

1. L'ajustement du discours au niveau linguistique de l'interlocuteur

A la suite des travaux de Piaget (1923) sur les échanges verbaux entre enfants, il était généralement admis que le langage des enfants de 3 à 6 ans ne répond pas encore à une véritable fonction interpersonnelle. Le langage du jeune enfant était qualifié d'égocentrique, l'enfant semblant utiliser un langage « pour lui », « centré sur lui », et ne pas prendre en considération son interlocuteur ou le point de vue de ce dernier. La position piagétienne sur le développement de la compétence de communication chez l'enfant n'a guère été discutée dans les décennies qui ont suivi, si ce n'est dans les écrits du psychologue soviétique Vigotsky (1962) et de ses continuateurs (notamment Luria, 1961). Pour ceux-ci le langage est d'emblée social chez l'enfant et ne doit pas le devenir au terme d'une longue évolution. Selon Vigotsky, on chemine développementalement d'un langage externe ou socialisé (qui bien sûr persiste en tant que tel) à un langage intérieur ou privé qui contribue largement à organiser les principales fonctions mentales.

Nous ne reprendrons pas ici le vieux débat Piaget-Vigotsky. Nous en faisons mention parce qu'il fournit la toile de fond des études qui seront présentées dans cette section. Durant les quinze dernières années, on a publié de nombreuses recherches sur les différents aspects de la compétence conversationnelle des jeunes enfants, en particulier sur leur capacité d'ajustement du discours à l'âge de l'interlocuteur.

Outre des données d'observation quelque peu anecdotiques (par exemple, Weeks, 1971; Berko-Gleason, 1973), plusieurs études systématiques ont montré que de tels ajustements peuvent apparaître chez l'enfant dès l'âge de quatre ans environ.

Shatz et Gelman (1973) ont demandé à des enfants âgés de quatre ans d'expliquer le fonctionnement d'un jouet à un adulte, d'une part, et à un enfant de deux ans d'autre part. L'examen des données montre que les enfants emploient des phrases plus courtes lorsqu'ils s'adressent aux interlocuteurs de deux ans (la longueur moyenne de production verbale — LMPV — est de 5.4 morphèmes lorsque l'enfant parle à un adulte et 4.0 lorsqu'il s'adresse à un enfant de deux ans). Le nombre de productions verbales est plus élevé dans le discours adressé à l'adulte (en moyenne 67.7 productions contre 34.1 dans le discours adressé à l'enfant). Enfin, au point de vue syntaxique, les constructions subordonnées et coordonnées sont significativement moins fréquentes dans le discours adressé à l'enfant de deux ans. Shatz et Gelman ont aussi enregistré des conversations spontanées entre des enfants de quatre ans et des adultes, des pairs appariés pour l'âge chronologique et des enfants plus jeunes (âgés de dix-neuf à trente-quatre mois). La longueur et la complexité syntaxique des phrases employées par les enfants de quatre ans sont du même ordre qu'ils s'adressent à des adultes ou à des enfants de leur âge. Cependant, les phrases sont plus courtes et syntaxiquement plus simples dans le discours adressé aux enfants de deux ans. En outre, l'utilisation d'expressions destinées à capter et à retenir l'attention de l'interlocuteur (par exemple: «Hé», «écoute», «regarde», l'expression du prénom de l'interlocuteur) est plus fréquente dans le discours adressé aux jeunes enfants.

Masur (1978), prolongeant la recherche de Shatz et Gelman, a observé que des enfants de quatre ans sont capables d'ajuster différentiellement leur langage selon qu'ils s'adressent à des enfants âgés de deux ans caractérisés comme «très verbaux» (dont le LMPV est compris entre 1.8 et 4 morphèmes) ou à des enfants «peu verbaux» (dont le LMPV est compris entre 1 et 1.5).

Sachs et Davin (1975) confirment globalement les résultats de Shatz et Gelman chez quatre enfants âgés de trois ans neuf mois à cinq ans cinq mois en conversation spontanée avec leur mère, des pairs et des enfants plus jeunes (âgés de un an deux mois à deux ans cinq mois) et en conversation (induite par leur mère) avec une poupée. Dans cette étude, on pria également les enfants de parler comme s'ils étaient eux-mêmes des bébés apprenant à parler. On constate que les sujets ne parviennent pas à produire des phrases comparables à celles des très jeunes enfants. Les sujets ne semblent pas avoir une bonne connaissance des limitations syntaxiques du très jeune enfant. Ils semblent par contre conscients de certaines caractéristiques prosodiques, phonologiques et lexicales du discours enfantin. On assiste par exemple au remplacement du phonème /R/ par /W/ et du phonème /J/ par /Z/.

D'autres études ont porté sur les adaptations verbales chez les enfants plus âgés. Beaudichon, Sigurdson et Trelles (1978) ont demandé à des enfants de 8 ans de raconter une histoire à deux interlocuteurs différents. Les sujets devaient s'adresser d'abord à un adulte puis à un enfant de quatre ans, les deux personnages étant représentés par une photographie.
Dans une deuxième situation, les sujets devaient s'adresser à un adulte puis à un enfant réel. Dans une troisième situation, les sujets étaient avisés après leur deuxième récit que ce dernier avait été mal compris par l'enfant réel de quatre ans. Ils étaient priés d'en fournir une nouvelle version. Pour classer les différences observées entre les deux récits, les auteurs définissent un certain nombre d'indices de recodage : par exemple, les additions (tout élément d'information ajouté pour clarifier le texte), les substitutions (toute expression remplacée par une autre apparemment plus simple), les omissions (tout élément du discours omis), etc. Beaudichon et al. observent que les recodages sont plus fréquents dans les situations où l'enfant est confronté à un enfant de quatre ans « en chair et en os ». Cependant, ils ne dénombrent pas plus de recodages dans la troisième situation que dans la deuxième. L'introduction d'un feed-back négatif ne semble pas modifier la quantité de recodage fournie dans le second récit.

Dans une seconde recherche, Beaudichon et al. (1978) montrent que des enfants âgés de huit à douze ans sont capables d'adapter leur récit à un adulte étranger s'ils sont avertis que ce dernier pratique mal la langue française. Les recodages, par rapport au récit adressé à un adulte français, sont plus fréquents chez les enfants de douze ans.

Brami-Mouling (1977) a demandé à des enfants de huit à douze ans de construire une histoire à partir d'une série d'images et de la raconter successivement à des enfants de leur âge puis à des enfants plus jeunes (âgés de cinq ans pour les enfants locuteurs de huit à neuf ans, et de six ans pour les enfants locuteurs de dix à douze ans). D'une façon générale, les résultats indiquent que lorsqu'ils s'adressent à des enfants plus jeunes, les locuteurs élèvent la voix, marquent davantage l'intonation, ralentissent leur débit de parole et emploient plus souvent des requêtes en vérification de la compréhension (par exemple, «tu comprends?...», «ça va?», etc.) et des productions visant à attirer ou à retenir l'attention de l'interlocuteur. On relève aussi davantage de pauses dans le discours adressé aux enfants plus jeunes. Au niveau syntaxique, Brami-Mouling note, dans les récits adressés aux enfants plus jeunes, l'emploi plus fréquent du discours direct et des références pronominales anaphoriques suivi du substantif qui sert de référent au pronom (par exemple: «la petite fille les arrose, les fleurs»).

Si le sens général des résultats de Brami-Mouling est en accord avec celui des études présentées antérieurement, une différence importante apparaît néanmoins. Plusieurs auteurs (cfr Shatz et Gelman, 1973; Sachs et Devin, 1976) ont observé que l'ajustement verbal à l'interlocuteur plus jeune s'accompagne d'un raccourcissement du discours. Par contre, Brami-Mouling constate plutôt un allongement du discours adressé aux enfants plus jeunes. Cet allongement peut s'expliquer par le nombre d'explications que le locuteur donne «pour parer au manque d'expérience du réel de son interlocuteur», ces explications étant intégrées aux énoncés et non fournies dans des énoncés séparés du reste du discours. Un autre facteur susceptible d'expliquer cet allongement est le recours à des procédés d'explication des anaphores, procédés qui ont pour résultat un allongement des phrases. On regrettera que l'intéressant rapport de cet auteur ne présente aucune analyse statistique des données.

On notera en outre que la plupart des études citées jusqu'ici restent sujettes à caution dans la mesure où elles ne contrôlent pas la variable « ordre de succession des interlocuteurs ». Certaines des modifications observées dans le discours adressé au deuxième interlocuteur pourraient être simplement dues à son statut de reformulation et non aux caractéristiques de l'interlocuteur.

Il convient de s'interroger sur la nature des variables qui contrôlent les adaptations verbales du locuteur. Plusieurs données supportent l'hypothèse selon laquelle c'est davantage le niveau linguistique (productif et réceptif) de l'interlocuteur (plutôt que l'âge chronologique ou l'apparence physique) qui est la variable pertinente. En pratique, âge chronologique, données biométriques et niveau linguistique sont positivement corrélés. On peut cependant invoquer des cas où ces variables sont dissociées. Guralnick et Brown (1977) ont documenté les adaptations verbales intervenant chez des enfants normaux âgés de cinq ou six ans selon qu'ils étaient placés en situation d'interaction avec des enfants retardés mentaux fonctionnant linguistiquement à des niveaux différents mais de même âge chronologique. Les énoncés les plus complexes sur le plan lexical et syntaxique sont adressés aux enfants retardés les plus évolués au point de vue linguistique. D'autres données vont dans le même sens. Masur (1978) a montré que des enfants de quatre ans parviennent à s'adapter différentiellement à des enfants normaux de même âge chronologique mais de niveaux linguistiques différents. De même, Beaudichon et al. (1978) rapportent que l'enfant peut s'adapter linguistiquement à un adulte si ce dernier ne maîtrise pas bien la langue employée. En ce qui concerne les locuteurs adultes, il apparaît que les adaptations dans le langage maternel adressé aux enfants mongoliens sont davantage fonction du niveau de développement linguistique des enfants que de leur âge chronologique (Rondal, 1978).

La réflexion explicite sur le langage intervient peu dans les conduites d'adaptation qui ont été présentées jusqu'ici. L'ajustement du discours en cours de production se situe à la limite entre la simple compétence communicative et l'activité métalinguistique dans la mesure où il met en jeu une certaine connaissance implicite des capacités de réceptions d'autrui.

Brami-Mouling (1977) a pu montrer que la prise de conscience des conduites et des moyens d'adaptation à l'interlocuteur est plus tardive que l'ajustement lui-même. Elle a interrogé les enfants après leur tâche d'ajustement, sur la façon dont ils avaient raconté leur histoire à l'enfant plus jeune. Les modifications du discours dont les enfants avaient pris conscience concernent uniquement les moyens prosodiques (ralentissement du débit de parole, augmentation de l'intensité) et d'un lexique simplifié et explicité (d'après les exemples fournis, la conscience de l'utilisation de ce moyen d'adaptation n'apparaît que vers dix ans). La prise de conscience des modifications syntaxiques du discours n'est pas assurée, même à douze ans, selon le rapport de Brami-Mouling[1]. Ces données s'accordent avec celles de Brédart (1980) indiquant que jusqu'à douze ans la majorité des enfants ne peuvent invoquer la complexité syntaxique du discours pour expliquer l'incompréhension d'un jeune enfant dans une situation d'échec de communication alors que les difficultés liées à la complexité lexicale ne leur échappent pas.

Ces données suggèrent que la prise de conscience explicite des limitations du jeune interlocuteur intervient plus tardivement que l'ajustement verbal proprement dit et selon une chronologie qui varie en fonction des composantes du système linguistique. Le manque de données empiriques sur ce point ne permet pas de pousser l'analyse plus loin.

2. Les autocorrections

Depuis le début du siècle, de nombreux auteurs ont signalé l'existence d'autocorrections dans le langage d'enfants âgés de deux à six ans environ (Bohn, 1914; Snyder, 1914; Léopold, 1949; Zakharova, 1958; Jefferson, 1972, etc.). Par «autocorrection», il faut entendre une correction par le locuteur de son propre discours en cours de production. Les autocorrections peuvent être spontanées ou induites (c'est-à-dire provoquées par une réaction verbale ou non verbale de l'interlocuteur).

Les études citées ci-dessus portaient en premier chef sur d'autres aspects du développement linguistique et le relevé des autocorrections n'y a souvent qu'une valeur anecdotique. Les recherches systématiques sur le sujet sont encore rares. L'une d'elles est celle de Rogers (1978) qui a recensé les autocorrections spontanées ou induites chez des enfants âgés de cinq à six ans ayant à décrire une image ou en conversation libre avec un adulte. Trois types d'autocorrections ont été recensées:

A. *Les autocorrections spontanées portant sur la syntaxe ou la morphologie.* Ces corrections n'amènent pas de modifications de sens du discours:

Exemples :
We can't go no more ... we can't go anymore.
He didn't wash hisself ... he didn't wash himself.

B. Les autocorrections induites verbalement par l'adulte et amenant un changement de signification dans le discours (*autocorrections sémantiques induites*) :

Exemples :
Enfant	: We went there tomorrow (nous sommes allés là demain)
Interviewer	: I beg your pardon ? (pardon ?)
Enfant	: Yesterday I mean (hier je veux dire)
Enfant	: That's a pigeon (c'est un pigeon)
Interviewer	: Is it ? (Ah oui ?)
Enfant	: No, it's a duck (non, c'est un canard)

C. *Les autocorrections sémantiques spontanées*

Exemples :

Mummy was washing and he... Daddy I mean.
(maman était en train de laver et il ... papa je veux dire)
My little sister Julie ... no Karen.
(ma petite sœur Julie ... non Karen)

Le nombre d'autocorrections de type A et de type B n'augmente pas de façon marquée entre 5 et 6 ans. Les enfants de 5 ans font plus de corrections amenant des changements morphologiques mineurs au sein d'un seul mot; ceux de 6 ans semblent procéder davantage à des corrections syntaxiques plus complexes. Les enfants de 6 ans font aussi davantage de corrections de type C. Ce dernier résultat peut indiquer que les enfants de 6 ans sont plus conscients des effets des mots qu'ils emploient sur la compréhension de leur discours par autrui que les enfants de 5 ans.

Clark et Andersen (1979) ont observé l'évolution des autocorrections spontanées en fonction de l'âge à partir d'un corpus de données plus important. Elles ont recensé les autocorrections de 3 enfants observés respectivement de 2 ans 2 mois à 2 ans 11 mois, de 2 ans 8 mois à 3 ans et 3 ans à 3 ans 7 mois.
Les autocorrections observées ont été classées en quatre catégories :

A. *Les autocorrections phonétiques*. Cette catégorie comprend l'addition d'une consonne finale (par exemple : « Where's that anima ... that animal ... »). l'ajustement d'une voyelle (« They don't wear clothes to *bi* ... to *bed*! ») ou encore l'addition d'une syllabe (« That's a flower *bass* ... basket »).

B. *Les autocorrections morphologiques*. Elles concernent le genre des pronoms («*It*'s ... *it*'s ... *he*'s too big») ou les formes verbales (notamment l'addition de l'inflection de la troisième personne du singulier : « She *want* ... she *wants* to go to sleep »).

C. *Les autocorrections lexicales*. Les corrections portent ici sur le choix d'un mot (par exemple : you *pick up* ... you *take* her; They have *little* ... I mean *big* turtle hands), ou l'addition d'un modificateur (*these* animals are ... *all these* animals are small).

D. *Les autocorrections syntaxiques*. La façon dont ces corrections s'effectuent est habituellement la suivante. Les enfants commencent leur production avec un syntagme nominal, font une pause puis choisissant un nouveau syntagme nominal sujet, produisent un verbe puis réutilisent le syntagme nominal initial comme objet du verbe. Ces corrections apparaissent souvent quand l'enfant veut éviter une construction passive (par exemple, « The *kitty cat* is... the ... the spider is kissing the *kitty cat*'s back; *She* ... he didn't give *her* any food »). Un autre type de correction syntaxique est le changement d'ordre des mots (par exemple, « It's that your ... that's your box ? »).

Les résultats montrent que les proportions de corrections phonétiques décroissent tandis que les proportions de corrections morphologiques restent constantes au cours de développement pendant les périodes de temps envisagées. Par contre, les proportions de corrections lexicales et syntaxiques augmentent avec l'âge, les dernières étant les plus tardives.

Pour Clark et Andersen (1979), les autocorrections indiquent que l'enfant est capable d'évaluer la qualité du message qu'il est en train d'énoncer et de déterminer, au moins en partie, ce qui doit être corrigé dans ce message. Une telle capacité repose nécessairement sur une certaine connaissance (empirique) des règles phonologiques, morphologiques, lexicales et syntaxiques de la langue. Il est probable cependant qu'il ne s'agit pas d'une connaissance métalinguistique explicite. Prenons l'exemple des corrections phonétiques. Les données de Clark et Andersen montrent que des enfants très jeunes parviennent à se corriger en ajoutant, par exemple, une consonne finale à un mot produit antérieurement. On sait cependant que l'analyse phonétique explicite de la parole n'est acquise que vers 6 à 7 ans (voir le chapitre 3). Il semble donc que les jeunes enfants peuvent s'autocorriger phonétiquement dès 2 ans et demi environ tout en restant incapables de spécifier leur démarche corrective d'une quelconque façon.

En dehors de la classification en 4 catégories exposées ci-dessus, Clark et Andersen proposent une distinction entre « autocorrection pour l'auditeur » et « autocorrection par rapport au système ».
Les corrections pour l'auditeur sont celles produites apparemment pour permettre ou faciliter la compréhension de l'interlocuteur. La plupart des corrections phonétiques rentreraient dans cette catégorie. Il en est de même pour les corrections lexicales où l'enfant remplace un mot inapproprié par un mot plus adéquat et pour certaines corrections morphologiques. Toutes les autocorrections ne seraient cependant pas motivées par le souci de se faire mieux comprendre par autrui. Certaines corrections sont produites sans qu'elles soient nécessaires à l'intelligibilité du discours. Ces corrections apparaissent, selon Clark et Andersen, quand l'enfant se rend compte que sa production verbale ne se conforme pas à ce qu'il connaît du système linguistique. L'addition de l'inflection de la troisième personne du singulier en anglais (want... wants) serait un exemple de correction systémique. Il en irait de même pour certaines adjonctions d'adjectifs ou adverbes. En fait, de nombreuses corrections semblent être motivées à la fois par rapport au système et pour préserver la compréhension du discours.

Clark et Andersen (1979) pensent que les corrections systémiques s'appliquent préférentiellement aux erreurs portant sur les aspects du système linguistique que l'enfant est en train d'acquérir. L'enfant prendrait progressivement conscience du fossé qui existe entre certains aspects de ses propres productions et de celles qu'il entend autour de lui. C'est lorsqu'il prend conscience de ce fossé qu'il tente de corriger ses erreurs. Le but de l'enfant serait de réduire le fossé existant entre sa production linguistique et la représentation qu'il se fait d'une production correcte. On voit là à l'œuvre un important moteur du développement linguistique.

3. Conclusion

Les données revues dans ce chapitre indiquent que l'enfant est très vite capable (entre quatre et huit ans selon l'aspect considéré) d'ajuster certains aspects de son discours en fonction du niveau linguistique de son interlocuteur. Cette adaptation se manifeste essentiellement par une modification de la clarté physique du discours (augmentation de la hauteur tonale, ralentissement du débit), une simplification syntaxique et la mise en œuvre de stratégies conversationnelles (utilisation de capteurs d'attention, de paraphrases, etc.). Des contrôles méthodologiques restent cependant nécessaires pour la détermination exacte des moyens d'adaptation utilisés.

En ce qui concerne les autocorrections, les données disponibles indiquent que les comportements correctifs apparaissent très tôt (dès deux ans et demi) dans la pratique conversationnelle de l'enfant. Le type et la fréquence de ces corrections semblent évoluer avec l'âge mais l'analyse précise de cette évolution n'en est qu'à ses débuts.

NOTE

[1] Dès cinq ans, les enfants seraient toutefois capables d'assigner à un adulte la formulation correcte de phrases syntaxiquement complexes, notamment d'interrogatives et de négatives (par exemple, «What can the cow say?» ou «We cannot go home»), et à un jeune enfant une formulation simplifiée de ces énoncés (par exemple, «What the cow say?» ou «We not go home») (Scholl et Ryan, 1975).

Chapitre 2
L'analyse de la valeur informative des messages

On pourrait penser qu'un auditeur se rend compte de façon automatique qu'il ne comprend pas quelque aspect du discours de son interlocuteur. Par exemple, la détection d'un mot peu familier ou inconnu ne semble guère impliquer d'analyse complexe. Il arrive cependant à l'adulte d'accepter une information de façon non critique et de ne constater qu'a posteriori qu'elle contient une lacune ou une incohérence logique. Ceci semble être le cas particulièrement lorsqu'on est confronté à des instructions nouvelles et complexes. Dans ce type de situation, ce n'est parfois que lorsqu'on réfléchit à ces instructions, juste avant leur exécution, que l'on se rend compte de l'existence d'un problème. En dehors de la compréhension d'instructions, il est probable que le lecteur a déjà fait l'expérience d'avoir cru comprendre un exposé ou une théorie pour constater ultérieurement, lors d'une analyse plus approfondie, qu'il n'en était rien.

On considère actuellement que la prise de conscience d'une mauvaise compréhension ou celle de l'inadéquation informative des messages exige un contrôle actif de la réception et notamment une analyse consciente de l'information reçue. En l'absence d'une véritable théorie de la compréhension, il est difficile de spécifier les mécanismes qui assurent un tel contrôle. Dans le présent chapitre, nous mentionnerons différentes hypothèses portant sur les activités cognitives nécessaires (mais non suffisantes) pour l'apparition de ce monitoring.

1. **La détection de l'insuffisance présente dans l'information fournie**

a) Détecter une lacune dans des instructions

Une situation particulièrement intéressante pour l'étude de l'analyse consciente de l'information présentée est celle où l'enfant est confronté à des instructions incomplètes.

Les instructions d'un jeu constituent une série d'étapes permettant d'atteindre un but donné. Markman (1977) considère que l'écoute attentive d'une série d'instructions implique l'exécution mentale de ces instructions. Si l'auditeur ne procède pas à cette exécution mentale, son écoute est plus superficielle et moins propre à lui permettre de prendre conscience des lacunes éventuellement présentes dans l'information fournie.

Pour étudier ce problème de façon développementale, Markman a proposé à des enfants de six à huit ans d'écouter les règles d'un nouveau jeu de cartes. Les enfants avaient pour consigne de juger si les instructions étaient claires et complètes. Durant l'exposé des règles du jeu, l'expérimentateur mentionnait la fonction d'une carte spéciale en omettant de l'identifier. («On fait chacun une pile avec nos cartes. On tourne chacun la première carte de notre pile. On regarde les cartes pour voir qui a la carte spéciale. Ensuite, on tourne la carte qui suit dans notre pile et on regarde de nouveau qui a la carte spéciale cette fois-ci. A la fin, la personne qui a le plus de cartes a gagné»). Après avoir donné ses instructions, l'expérimentateur utilise la série d'interventions-sondes suivantes :

1. Voilà ce sont les instructions.
2. Qu'est-ce que tu en penses ?
3. Tu as des questions à poser ?
4. Est-ce que je t'en ai dit assez pour que tu puisses jouer ?
5. Est-ce que j'ai oublié de te dire quelque chose ?
6. Peux-tu me dire comment on joue ?
7. Est-ce que je t'en ai dit assez pour que tu puisses jouer ?
8. Tu crois que tu peux jouer ? On va jouer, vas-y le premier.
9. Est-ce que j'ai oublié de te dire quelque chose ?
10. Tu es sûr que je t'en ai dit assez pour que tu puisses jouer ?

L'analyse porte sur le nombre de questions nécessaires pour que l'enfant se rende compte qu'il manque une information essentielle dans les instructions. Les résultats montrent que les enfants de six, sept et huit ans ont, en moyenne, besoin respectivement de trois, six et huit interventions-sondes pour manifester une prise de conscience de la lacune.

Récemment, Charlier (1981), utilisant une méthode analogue, a obtenu des résultats confirmant l'évolution développementale mise en évidence par Markman. Les résultats de ces études sont d'autant plus étonnants que la lacune semble assez évidente et que l'enfant a explicitement pour tâche d'évaluer si les instructions sont complètes. Deux observations semblent confirmer l'hypothèse de Markman selon laquelle les difficultés des jeunes enfants sont dues au fait qu'ils n'exécutent pas mentalement les instructions fournies.

Premièrement, il apparaît que lorsque l'enfant doit jouer et ainsi appliquer les instructions, il prend conscience de la lacune.

Deuxièmement, dans une expérience parallèle, Markman (1977) a remarqué que les performances des enfants sont meilleures quand ils ont assisté à une démonstration muette du déroulement des instructions avant de recevoir ces dernières verbalement. Or, dans ce cas, l'enfant ne doit plus exécuter mentalement les instructions.

Une étude plus approfondie de l'importance de différentes variables cognitives telles que les variables mnésiques est nécessaire pour aller plus avant dans l'explication des difficultés chez les enfants.

b) *Détecter les ambiguïtés référentielles*

Un autre aspect de la détection d'une lacune informative est le jugement d'ambiguïté en situation de communication référentielle. Dans les recherches reprises ci-dessous, l'ambiguïté est en fait souvent en imprécision.

Un message référentiellement ambigu est un message qui contient une information trop globale pour permettre à un auditeur d'identifier un référent parmi d'autres référents présents. Concrètement, les situations les plus couramment utilisées sont les suivantes :

1. L'utilisation de planches à référents multiples. (Ironsmith et Whitehurst, 1978 a, b; Patterson, Massad et Cosgrove, 1978; Robinson et Robinson, 1976, 1977, 1978 a et b)

L'expérimentateur produit un message pouvant se rapporter à plusieurs dessins présentés sur une planche. L'enfant est informé qu'il peut demander une information complémentaire quand le message ne lui permet pas un choix univoque.

Les planches contiennent 4 dessins (ou plus) issus de la combinaison de deux (ou trois) traits distinctifs pouvant prendre chacun deux valeurs. Par exemple, la combinaison du trait *taille* (prenant les valeurs « grand / petit ») et du trait *« présence d'une antenne sur la tête »* (prenant les valeurs « présence / absence ») donnent les 4 dessins suivants :

Figure 1. Exemple de planche à référents multiples (D'après Ironsmith et Whitehurst, 1978b).

La valeur informative des messages peut varier. Ils peuvent être tout à fait non informatifs, c'est-à-dire, ne préciser aucun trait distinctif; par exemple: choisis le bonhomme), partiellement informatifs (c'est-à-dire, préciser un des deux traits distinctifs; par exemple: choisis le bonhomme qui a une antenne), ou totalement informatifs (c'est-à-dire, préciser la valeur des deux traits; par exemple: choisis le plus petit bonhomme qui a une antenne). En général, dans les études ayant utilisé cette méthode, le comportement sur lequel on juge si l'enfant a détecté une ambiguïté est une requête en clarification ou l'expression d'un doute pouvant avoir la même fonction (Ironsmith et Whitehurst, 1978 a et b).

Robinson et Robinson (1976, 1977, 1978 a et b) ont exploité une version un peu modifiée de cette méthode. L'enfant observe ou participe à un jeu de communication dans lequel le locuteur ou l'auditeur ont des séries d'images identiques et invisibles pour l'autre joueur. Le locuteur doit choisir une image et la décrire de façon à ce que l'auditeur puisse choisir le dessin correspondant dans sa série. Lorsqu'il y a échec de communication, c'est-à-dire lorsque l'auditeur choisit une carte différente de celle qu'avait choisi le locuteur, on demande à l'enfant (qu'il soit locuteur, auditeur ou observateur) d'expliquer pourquoi il y a échec et de dire qui en est responsable.

2. *La méthode des couples de mots* (Asher, 1976)

L'enfant reçoit une liste de couples de mots. Dans chaque couple, un mot est souligné (référent), l'autre ne l'est pas (non référent).

Exemples :
horloge	montre
rivière	*océan*
enfant	*bébé*
plat	assiette
plante	fleur
tasse	*verre*

Pour chaque couple, l'expérimentateur produit un message comportant un seul mot. La tâche de l'enfant consiste à juger si ce mot pourrait permettre à une autre personne de choisir univoquement le mot référent sans aucune autre aide. Par exemple, pour le premier couple, le message «heure» serait ambigu puisqu'il peut se rapporter aux deux mots du couple tandis que «sonner» se rapporterait plus clairement au mot horloge.

3. *La méthode des questions ambiguës* (Bearison et Levey, 1976).

L'expérimentateur invite simplement l'enfant à écouter de courtes histoires. Il pose ensuite une ou deux questions à l'enfant. La tâche de celui-ci est de juger si les questions sont bonnes ou mauvaises, c'est-à-dire, s'il y a moyen d'y répondre ou non à partir des informations contenues dans l'histoire. Illustrons d'un exemple :

Histoire : « Jeanne a reçu un vélo pour Noël et Marie a reçu un nouveau manteau ».

Question : « Qu'est-ce qu'elle a reçu pour Noël ? ».

L'ambiguïté est créée par l'utilisation d'un pronom (elle) pouvant se rapporter à plusieurs noms (Jeanne et Marie).

Dans les recherches utilisant la seconde ou la troisième méthode, l'enfant a pour tâche de porter un jugement d'adéquation (simplement juger si la question ou le message est clair).

De façon générale, toutes les études indiquent que la détection des ambiguïtés référentielles évoluent jusqu'à une période d'âge allant de 8 à 12 ans, selon la difficulté des tâches (Bearison et Levey, 1977; Asher, 1976; Robinson et Robinson, 1976).

Avant cette période d'âge, les enfants ne portent que rarement des jugements d'ambiguïté et semblent plus largement influencés, jusqu'à 7 ans au moins, par le résultat du message que par sa valeur informative en soi. Ceci s'observe dans des tâches où les enfants observent et expliquent un accord ou un désaccord entre un locuteur et un auditeur en ce qui concerne le référent concerné par un message donné (Robinson et Robinson, 1977). Les jeunes enfants semblent juger adéquats les messages n'ayant pas amené de désaccord entre les interlocuteurs (même si le message est imprécis) et ambigus les messages en ayant amené un (même si le message est informatif). Dans les études exigeant la production d'une requête en clarification (Ironsmith et Whitehurst, 1978 a et b), on observe que les enfants de huit ou neuf ans ne parviennent qu'à émettre des feedbacks vagues ne permettant pas à l'interlocuteur de se corriger (il s'agit de questions telles que «lequel c'est?»). Ce n'est qu'à partir de dix à douze ans environ que les enfants parviennent à poser des questions spécifiant l'élément qui doit être précisé pour éliminer l'ambiguïté (par exemple: «C'est le grand ou le petit?»). D'autres études (Karabenick et Miller, 1977; Cosgrove et Patterson, 1977) font état d'indications chronologiques semblables.

- Explication des difficultés observées

Une première façon d'expliquer les difficultés relevées chez les enfants de moins de dix ans est de considérer qu'ils ont peur d'être irrespectueux envers l'expérimentateur, un adulte en jugeant explicitement son message ambigu. Ainsi, les enfants plus jeunes hésiteraient davantage à demander des précisions à un adulte par crainte de violer une norme de politesse. A partir d'une hypothèse socio-relationnelle de ce type, on peut prévoir que la substitution d'un enfant à l'expérimentateur adulte dans le rôle de locuteur améliorera la performance des jeunes auditeurs. L'effet d'une telle manipulation n'a pas été testé de façon définitive. Cosgrove et Patterson (1977) ont cependant rapporté des résultats tendant à montrer que cette substitution n'améliore que très peu la performance des jeunes enfants.

D'autres explications, plus cognitives, sont couramment avancées. On considère que la détection d'une ambiguïté référentielle n'est possible que si l'auditeur procède spontanément à des activités de comparaison du message émis avec tous les référents possibles. Selon Asher (1976, 1979), les performances limitées des jeunes enfants sont attribuables à une faiblesse au niveau de ces activités de comparaison. L'enfant choisirait un référent décrit par le message (peut-être le premier référent possible qu'il voit, cfr Dickson, 1978) sans évaluer dans quelle mesure le message peut se rapporter à plusieurs référents.

Il semble que l'enfant de 5 à 7 ans est cognitivement capable de réaliser des activités de comparaison de la même complexité que celles qui sont impliquées dans la détection d'ambiguïtés (Robinson et Robinson, 1978). La difficulté qu'éprouve l'enfant est plutôt de l'ordre de l'habileté à utiliser cette stratégie de comparaison dans des tâches de communication et au moment voulu.

Dans certaines études (Ironsmith et Whitehurst, 1978 a, b; Cosgrove et Patterson, 1977), une faiblesse au niveau des activités de comparaison n'explique pas la totalité des difficultés observées. Patterson, Massad et Cosgrove (1978) et Patterson et Massad (1980) ont en effet obtenu des données montrant que, mises à part les activités de comparaison, les jeunes enfants ont des difficultés à formuler verbalement un feedback à destination de l'interlocuteur. Même après avoir détecté une ambiguïté, les enfants ne savent pas à quel moment et comment ils doivent demander une information complémentaire. Il convient donc de relativiser les résultats des études où l'émission d'un feedback était considérée comme l'indice d'un jugement d'ambiguïté.

Il reste qu'en ce qui concerne les jugements d'ambiguïtés proprement dit; l'hypothèse explicative de Asher semble rendre compte des faits observés. Une non-connaissance métacommunicative fondamentale concernant soit la nécessité d'une évaluation, soit le type de stratégie évaluative à utiliser pourrait être à l'origine des difficultés des enfants.

D'autres auteurs considèrent cependant, qu'indépendamment de la mise en œuvre d'activités de comparaison, le problème du jeune enfant (plus ou moins 5 ans) se situet au niveau de sa connaissance du rôle de l'ambiguïté dans l'échec de communication (Robinson, 1981). Pour Robinson, le jeune enfant se comporte comme s'il ne savait pas qu'un message ambigu peut être un facteur d'échec de communication; il ne reconnaîtrait pas l'importance d'une référence univoque pour une communication fructueuse. Dans ce cas, un enfant pourrait très bien remarquer qu'un message peut désigner plusieurs référents sans considérer que cela puisse mettre en péril l'efficacité de l'échange d'information.

Les différentes explications proposées n'apparaissent pas exclusives l'une de l'autre. Un problème qui rend parfois difficile l'interprétation des résultats réside, à notre avis, dans le fait qu'on rassemble sous l'étiquette «ambiguïté référentielle» des inadéquations assez différentes sous un certain nombre d'aspects. Elles se différencient notamment au niveau de certaines caractéristiques superficielles (dont l'importance reste à étudier). Par exemple, dans certains cas, l'enfant travaille sur matériel graphique et dans d'autres cas, sur matériel verbal uniquement. Il convient aussi de s'interroger sur ce que représentent les activités de comparaison en fonction des méthodes utilisées. Dans la méthode 1 (voir plus haut), on peut considérer qu'elles consistent à tester si plus d'un des dessins présents peut constituer une réalisation particulière du signifié de l'input (représentation du message), alors que dans la méthode 2, elles consistent plutôt à évaluer si dans le couple de mots, il y a un seul ou plusieurs référents dont le signifié présente des caractéristiques communes avec le signifié du message.

Dans la méthode 3, l'ambiguïté est une référence pronominale anaphorique ambiguë. La comparaison s'effectue entre un message et une information antérieure. Cette espèce de retour en arrière n'existe guère dans les ambiguïtés de la méthode 1. Dans la méthode de Bearison et Levey (1977), la permanence de cette information antérieure exige apparemment un travail de mémorisation plus important que dans les autres méthodes.

Enfin, dans cette méthode, des facteurs d'habileté d'analyse syntaxique du discours pourraient intervenir davantage que dans les autres méthodes.

En fait, la pertinence de ces différences n'a pas été démontrée mais l'inverse ne l'a pas été non plus. A ce niveau, la comparaison inter-études nous paraît peu secourable tant les méthodes utilisées sont différentes dans leur conception générale et quant à des aspects plus particuliers tels les critères de détection, le souci de rendre la tâche plus ou moins artificielle, les analyses statistiques employées, etc. Nous pensons que la mise en évidence d'une éventuelle intervention des facteurs cités ci-dessus exige une comparaison des différents types d'ambiguïtés dans une situation semblable pour autant que cela est possible.

Dans les recherches dont nous venons de parler, les tâches demandées aux enfants sont de nature assez artificielle. Comme l'exprime Ackerman (1981), dans la plupart de ces études, les messages utilisées doivent être considérés comme des abstractions des actes de parole référentiels.

Il se peut que l'étude du comportement de l'enfant dans des tâches de laboratoire peu familières donne une image exagérée de l'incompétence des sujets. Certains auteurs (cfr Asher, 1979) considèrent que les performances pauvres des jeunes enfants en situation expérimentales contrastent avec l'aisance apparente avec laquelle ils semblent tenir leur rôle d'auditeur dans les conversations quotidiennes. Van Hekken, Vergeer et Harris (1980) ont montré, dans une des premières études sur l'ambiguïté référentielle en milieu naturel, que les enfants ne semblent pas réagir aux messages verbaux ambigus émis par leur interlocuteur. Ils ne réclament que rarement une information complémentaire ou une précision, même lorsque l'interlocuteur évoque un référent absent pour lequel les comportements non verbaux accompagnant le message verbal ne peuvent éliminer l'ambiguïté.

En situation naturelle, lorsque le référent est présent, l'ambiguïté du message verbal est souvent compensée par des comportements de désignation (Wellman et Lempers, 1977; Van Hekken et al. 1980). On peut donc penser que les jeunes auditeurs sont habitués à ce type de communication, dès lors l'élimination de la dimension non verbale dans les situations expérimentales pourrait paraître insolite aux jeunes enfants et constituer un facteur de perturbation. Comme nous l'avons signalé plus haut, l'évaluation de l'efficacité avec laquelle les enfants tiennent leur rôle d'auditeur dans la communication de tous les jours reste en grande partie à entreprendre.

2. Détection des incohérences présentes dans l'information fournie

Markman (1979) a étudié la prise de conscience de l'incohérence de l'information contenue dans un texte chez des enfants de huit à douze ans. Dans cette étude, l'expérimentateur, se présentant comme quelqu'un qui essaie d'écrire des histoires pour enfants, demandait aux sujets de juger si les histoires étaient compréhensibles et de proposer tout changement susceptible de les rendre plus faciles à comprendre.

Dans une première étude, Markman a proposé deux types d'histoire aux enfants: des histoires où l'incohérence était explicite et d'autres où elle était implicite. L'incohérence est considérée comme étant explicite si elle est exprimée au moyen de deux phrases clairement contradictoires. Par exemple:

Partie commune aux deux types d'histoire:

«Différentes sortes de poissons vivent dans l'océan. Certains poissons ont des têtes qui les font ressembler à des alligators et d'autres poissons ont des têtes qui les font ressembler à des chats. Certains poissons vivent près de la surface de l'eau, d'autres vivent dans le fond de l'océan».

Suite de l'histoire où l'incohérence est explicite:

«Les poissons ont besoin de lumière pour voir. Il n'y a pas du tout de lumière au fond de l'océan. Il y fait si noir que les poissons ne peuvent rien voir. Ils ne savent même pas voir les couleurs. Certains poissons qui vivent au fond de l'océan peuvent voir la couleur de leur nourriture, c'est comme ça qu'ils peuvent manger».

Suite de l'histoire où l'incohérence est implicite:

«Il n'y a pas du tout de lumière au fond de l'océan. Certains poissons qui vivent au fond de l'océan reconnaissent leur nourriture par sa couleur. Ils ne mangent que du fungus rouge».

Après avoir lu deux fois le texte, l'expérimentateur utilise une série de douze interventions-sondes adaptées à l'histoire. La procédure de sondage est globalement identique à celle de Markman (1977, voir plus haut).

Les résultats indiquent que l'incohérence implicite est plus difficile à détecter que l'incohérence explicite. Quatre-vingt-seize pour cent des enfants interrogés ne peuvent détecter l'incohérence (dans deux ou trois récits sur trois) avant la huitième intervention, moment où on demande à l'enfant de reproduire l'histoire de mémoire. Quatre-vingt-quatre pour cent des enfants ne détectent pas l'incohérence avant les questions dix à douze, des questions très spécifiques favorisant clairement la prise de conscience.

Dans le cas des histoires où l'incohérence est explicite, quarante-quatre pour cent des enfants ne détectent pas l'incohérence avant les questions dix à douze. On ne constate pas d'évolution développementale de la détection. Les enfants de douze ans manifestent en effet aussi une absence de prise de conscience de l'incohérence.

Différentes explications possibles de la performance limitée des enfants ont été envisagées. L'explication en termes de difficulté mnésique semble à rejeter dans la mesure où les récits sont reproduits sans erreur ou omission importante dans quatre-vingt-six pour cent des cas chez les sujets qui n'ont pas détecté l'incohérence. Une capacité logique limitée des enfants pourrait expliquer les résultats.

Cependant, il apparaît que les enfants parviennent à effectuer les inférences logiques nécessaires lorsque le problème leur est posé en fin de sondage. Ce n'est donc pas une capacité inférentielle déficiente qui semble être en jeu, mais une difficulté de procéder spontanément à ce type d'analyse.

Une autre explication serait que l'enfant ait remarqué le problème mais qu'il ait fait un certain nombre de suppositions aboutissant à l'élimination de la contradiction. Si c'était le cas, on devrait voir apparaître ces suppositions en réponses aux questions où on demande à l'enfant d'expliquer ce qu'il a appris dans le texte. En fait, sur les cent cinquante protocoles, seulement huit suppositions de ce type sont apparues. L'auteur n'en donne malheureusement guère d'exemple.

Enfin, on pourrait invoquer une tendance de l'enfant à ne pas critiquer un texte écrit par un adulte. Cette explication ne semble pas pouvoir rendre compte des résultats puisque soixante et onze pour cent des enfants (pour la condition explicite) et cinquante-six pour cent (pour la condition implicite) critiquent les textes en ce qui concerne, par exemple, leur intérêt, mais non pour ce qui est de leur cohérence.

En résumé, à partir de l'étude de Markman (1979), on peut faire l'hypothèse que l'enfant ne parvient pas à détecter l'incohérence parce qu'il ne procède pas spontanément à un certain nombre d'inférences logiques qu'il est parfaitement capable de faire après induction de l'expérimentateur.

Dans une autre étude, Markman (1979) a comparé la procédure qui vient d'être exposée (condition standard) avec une procédure identique mais dans laquelle on informe l'enfant de l'existence d'une inadéquation dans le texte, inadéquation qu'il doit essayer de découvrir (condition spéciale).

Les résultats montrent que les enfants ayant reçu l'instruction complémentaire présentent une performance supérieure à celle des enfants travaillant en condition standard.

Markman (1979) a en outre porté son attention sur les différents types de critique du texte faites par les enfants. Certains enfants mettent en doute la vérité de certains éléments du texte. D'autres suggèrent à l'expérimentateur de fournir plus d'informations sur l'un ou l'autre point du texte ou de rendre l'histoire plus attrayante, plus intéressante, ou encore de simplifier certains aspects du vocabulaire employé. Ces différents types de critique ne sont pas plus fréquents en condition spéciale, à l'exception de celles qui portent sur la vérité de l'information.

L'utilisation de la consigne complémentaire semble amener un changement dans la façon d'appréhender la tâche. Les enfants paraissent plus soucieux de tester la vérité des histoires même si, en définitive, certains ne formulent aucune critique à ce niveau.

A partir de ses observations, Markman fait l'hypothèse que la difficulté de procéder spontanément aux inférences logiques nécessaires à la détection de l'incohérence textuelle pourrait être simplement due au fait que les enfants n'utilisent pas spontanément la cohérence logique du texte comme critère d'évaluation. Lorsqu'ils jugent un texte, qu'ils soient avertis ou non de la présence d'une inadéquation, les enfants portent plus spontanément leur attention sur d'autres aspects du texte, tels que la vérité empirique de l'histoire et son intérêt général.

Plus récemment, d'autres auteurs ont abordé le problème du contrôle actif de la compréhension d'une façon différente.

Harris, Kruithof, Meerum-Tervogt et Visser (1981) ont constaté que le temps de lecture d'une phrase est plus élevé quand cette phrase est sans rapport avec le contexte verbal qui précède. Cette élévation du temps de lecture est observée tant chez des enfants de huit ans que chez des enfants de onze ans. Cependant, ces derniers parviennent significativement mieux à détecter explicitement l'anomalie et à identifier la phrase problématique.

Harris et al. considèrent que l'allongement du temps de lecture (lorsque la phrase est sans rapport avec le contexte qui précède) indique que, dès huit ans, les enfants peuvent déjà procéder spontanément à une analyse constructive de l'information fournie. L'allongement du temps de lecture reflèterait les difficultés des enfants à établir une représentation de la phrase qui soit en continuité logique (spatiale ou causale) avec leur représentation de l'information antérieure. Il y aurait, chez ces enfants, une génération de signaux internes d'anomalie et, en quelque sorte, une détection de l'incohérence à un certain niveau d'analyse.

Pour Harris et al., le monitoring de la compréhension consisterait non pas à la mise en œuvre spontanée d'une analyse constructive, mais plutôt, en un traitement des signaux internes d'anomalie permettant une identification de l'incohérence. Le monitoring de la compréhension serait une mise à l'épreuve active de la cohérence de l'information nouvelle par rapport à l'information antérieure. C'est ce testing actif que réalisent les enfants de onze ans mais pas ceux de huit ans.

Les conclusions de Harris et al. (1981) amènent quelques commentaires.

Premièrement, il importe de pouvoir, à l'avenir, préciser ce que représentent exactement ces signaux internes d'anomalie que génèrent les enfants.

Deuxièmement, le travail de Harris et al. a montré que la difficulté du monitoring de la compréhension ne se situe pas au niveau de la mise en œuvre d'une analyse constructive de départ. Ce type d'analyse existerait chez l'enfant de huit ans sans toutefois lui permettre d'identifier l'information problématique. Le monitoring peut toutefois être envisagé comme une mise en œuvre d'activités constructives d'un niveau plus sophistiqué.

Il semble important de savoir si ces deux niveaux d'analyse impliquent des activités constructives de nature différente ou si la différence se situe simplement dans le degré de précision de l'analyse en cours.

La littérature contient peu d'autres données sur la détection de l'incohérence du discours. Brédart (1980) a étudié la détection de deux formes d'incohérence : 1) la contradiction entre un message verbal et un message non verbal produits simultanément (par exemple, un locuteur dit « Ah, je me sens bien aujourd'hui » avec une mimique de désolation) ; et 2) la contradiction entre un message verbal et la réalité à laquelle il se rapporte (par exemple, le locuteur dit « Ne vous en faites pas, cette vitre est incassable » face à une voiture dont le pare-brise est brisé).

Dans cette étude, les enfants étaient confrontés à des situations d'échecs de communication présentées sous forme de dessin, où les messages verbaux étaient inscrits dans des bulles. La tâche des enfants, âgés de huit à douze ans, était d'expliquer pourquoi le personnage auditeur ne comprenait pas le message reçu. Les résultats ne font état d'aucune évolution développementale. Dès huit ans, 90 à 100 pour cent des sujets détectent et invoquent les deux types d'incohérence mentionnés pour expliquer l'incompréhension de l'auditeur. La performance observée dans cette étude peut s'expliquer par des facteurs tels que l'utilisation d'un support visuel, le fait que l'incompréhension de l'auditeur est signalée d'emblée et la brièveté des séquences verbales à considérer. En outre, la détection de l'incohérence n'exige pas que l'on procède à une mise en rapport de deux messages verbaux. Ici, le rapport doit s'effectuer entre le seul message et des éléments non verbaux (contextuels ou autres) présentés graphiquement.

3. Conclusions [1]

L'idée essentielle du présent chapitre est qu'il faut procéder à un monitoring de l'écoute (comprenant une analyse consciente et attentive de l'information) pour pouvoir se rendre compte que l'information peut être incompréhensible en raison de son imprécision ou de son incohérence. Pour procéder à un tel monitoring, un certain nombre d'activités cognitives plus ou moins complexes sont requises.

Ainsi, la détection de l'incohérence de l'information exige que l'enfant puisse encoder et garder en mémoire l'information et procéder à une première analyse amenant la création de signaux vagues d'anomalie. Le monitoring consiste alors à mettre activement à l'épreuve la cohérence logique (causale, spatiale, etc.) des éléments informatifs en jeu, c'est-à-dire à tester dans quelle mesure un ensemble d'informations peuvent ou non s'intégrer en une représentation cohérente. Dans l'état actuel des connaissances, on verra le monitoring comme le recours spontané à une analyse de second niveau mettant en jeu des activités que l'enfant est par ailleurs capable d'effectuer sur commande.

La détection de lacunes dans l'exposé des instructions semble exiger l'exécution mentale de ces instructions. Enfin, la détection des ambiguïtés référentielles ne paraît possible que si l'auditeur procède à une comparaison du message avec les différents référents présents.

A un niveau global d'analyse, il est permis de penser que le monitoring devrait être facilité par l'acquisition d'un certain nombre de connaissances métacommunicatives telles que savoir dans quelles situations une écoute attentive s'impose. La possibilité d'entreprendre à bon escient un tel contrôle ne semble cependant pas constituer le seul savoir-faire nécessaire. En effet, l'enfant peut ne pas prendre conscience d'une inadéquation malgré une analyse consciente explicite des messages. Le problème se situe alors dans le choix des critères qu'il emploie pour évaluer l'information.

Un deuxième problème est de pouvoir mettre au point des techniques entraînant l'enfant à procéder à une analyse relativement complète des différents aspects des messages qu'il reçoit. Cette question a une portée pédagogique évidente. De telles techniques sont rares à l'heure actuelle, vu le caractère récent du sujet d'étude. On citera toutefois, un essai fructueux d'installation ou d'amélioration des activités de comparaison d'un message avec les différents référents présents à l'aide d'une procédure de modelage (Ironsmith et Whitehurst, 1978 b).

Le sujet d'étude abordé dans ce chapitre est très récent. Nous avons souligné le nécessité de recherches complémentaires. On souhaitera aussi l'apparition de recherches explorant d'autres aspects de l'analyse explicite de l'information, notamment la distinction entre information essentielle et secondaire (cfr Brown et Smiley, 1977) ainsi que l'analyse de l'information écrite (cfr Higgins, 1976).

NOTE

[1] Nous avons surtout abordé la réflexion métalinguistique sur la référence à partir des jugements d'inadéquations référentielles. Dans d'autres études (encore assez rares), on observe dans quelle mesure l'enfant a explicitement conscience de certains indices linguistiques qui guident sa compréhension. Une partie des études de Karmiloff-Smith (1979) concernant la compréhension de la fonction des articles définis et indéfinis constitue un exemple remarquable de ce type de recherche. On renverra donc à cette étude les personnes intéressées par le sujet.

Chapitre 3
La prise de conscience de la structure phonétique de la langue

1. La sensibilité à la composante phonétique de la langue

La question qui se pose ici est: A quel âge et dans quelle mesure l'enfant peut-il procéder à une analyse phonétique consciente du discours?

Avant d'aborder les études concernant l'analyse explicite de la parole en phonèmes et en syllabes, on passera en revue un certain nombre de données montrant une sensibilité du jeune enfant à l'étage phonétique de la langue.

Certaines observations anecdotiques semblent attester d'une certaine connaissance des règles phonologiques de la langue chez le jeune enfant. On a, par exemple, observé que des enfants de trois à cinq ans et demi pouvaient déformer volontairement l'articulation des mots à des fins humoristiques (Garvey, 1977). Pour certains auteurs, il s'agit d'une violation délibérée des règles phonétiques de la langue (Shultz et Robillard, 1980). On rapporte également les réactions amusées d'enfants de trois à quatre ans aux fautes de prononciation involontaires de leurs cadets (Maccoby et Bee, 1965; Weir, 1966).

Différents auteurs fournissent des données parcellaires tendant à montrer que dès deux ans et demi, les enfants peuvent être conscients de leur mauvaise prononciation. On relève des réflexions telles que « Non, je n'arrive pas à dire 'sip' alors que l'enfant essaie de dire 'ship' » (Smith, 1973).

On citera aussi le cas où l'enfant rejette la prononciation d'un adulte qui l'imite jusqu'à ce que ce dernier prononce correctement (Berko et Brown, 1960; Jesperson, 1964).
Dans le même ordre d'idées, rappelons que dès deux ans et demi les enfants font de nombreuses autocorrections portant sur des erreurs phonétiques (Clark et Andersen, 1979, ce point a été abordé au chapitre 1). Quelques observations montrent aussi que l'enfant peut manifester la prise de conscience d'une prononciation réussie. Par exemple, Smith (1973) cite son enfant lui disant : « Papa, je peux dire 'quick' » alors que jusque-là, l'enfant prononçait le même mot « kip ».

Entre trois et quatre ans et demi, l'enfant peut juger si des séquences phonétiques sont conformes aux règles phonologiques de la langue (Messer, 1967).

D'autres données anecdotiques rapportent des jugements implicites de ressemblances phonétiques chez les jeunes enfants. Slobin (1978) a constaté des jeux de rimes chez son enfant âgé de trois ans et un mois. L'enfant produisait en succession des mots phonétiquement proches, par exemple: «Eggs are beggs; enough ... duff; more ... bore». Mc Ghee (1980) affirme que ce type de jeu phonétique est caractéristique des enfants entre trois à six ans. Cependant, Calfee, Chapman et Venesky (1972) rapportent de grosses difficultés à produire un mot rimant avec un mot inducteur chez des enfants de troisième gardienne. En ce qui concerne les jugements explicites de ressemblance phonétique, Read (1978) a montré que dès cinq ans, la majorité des enfants peuvent choisir parmi deux mots celui qui ressemble phonétiquement le plus à un mot stimulus (par exemple, le mot stimulus «ed» et les deux mots réponses «food» et «fed»). De même Jusczyk (1977) a constaté que, dès 6 ans, les enfants parviennent à détecter les rimes et les allitérations entre des mots présentés dans de courtes poésies. Dans cette étude, les enfants de 8 ans manifestaient cependant des performances meilleures en ce qui concerne la détection de rimes.

On peut donc conclure à l'existence d'une certaine sensibilité à la composante phonétique du discours chez le jeune enfant. Dans la section suivante, nous abordons les aspects les plus explicites de l'analyse du discours en unités phonétiques.

2. L'analyse du discours en phones et en syllabes

a) Premières données empiriques

D'une façon générale, dans les travaux repris ci-dessous, la tâche de l'enfant consiste à isoler des segments linguistiques dans des productions verbales.

Rosner et Simon (1971) ont demandé à des enfants de cinq et six ans de répéter un mot intégralement d'abord et ensuite en en supprimant une partie. L'enfant devait répéter un mot tantôt en supprimant une syllabe (par exemple : répéter « chanson » sans « chan »), tantôt en supprimant un phone (par exemple, « bec » sans « k »). Quatre-vingts pour cent des enfants parviennent à mener à bien la première tâche alors que vingt pour cent seulement réussissent la seconde.

Liberman, Shankweiler, Fischer et Carter (1974) ont abordé le même problème de façon développementale et en procédant à quelques aménagements méthodologiques. L'étude portait sur des enfants de deuxième gardienne (âge moyen : quatre ans dix mois), de troisième gardienne (âge moyen : cinq ans dix mois) et de première primaire (âge moyen : six ans onze mois). La tâche de l'enfant consistait à frapper autant de coups sur la table qu'il y a de syllabes ou de phones (selon la tâche) dans un mot prononcé par l'expérimentateur.

La moitié des enfants d'un groupe d'âge a reçu la tâche de segmentation en phones. Les auteurs ont défini le critère de réussite suivant : l'enfant a réussi la tâche s'il donne le nombre correct de segments dans six essais consécutifs. Si ce taux n'est pas atteint après quarante-deux essais, on considère que l'enfant est incapable de mener à bien la tâche. Les résultats obtenus montrent que, dès quatre ans, près de la moitié des sujets atteignent le critère de réussite pour la tâche de segmentation en syllabes. Par contre, en ce qui concerne l'analyse en phones, aucun enfant de cet âge n'atteint le critère fixé. A l'âge de cinq ans, seulement 17 pour cent des enfants atteignent le critère en question. Ce n'est qu'en première année primaire que la majorité des enfants réussissent les deux tâches (90 pour cent de réussite pour la segmentation en syllabes et 70 pour cent pour la segmentation en phones). Le fait que l'analyse en syllabes est plus facile que l'analyse en phones quel que soit le groupe d'âge peut suggérer que la syllabe est une unité phonétique ayant une réalité psychologique plus évidente que le phone pour le jeune enfant.

On notera que récemment, Hakes (1980) utilisant la méthode de Liberman et al. (pour la segmentation en phones uniquement) a obtenu des résultats similaires (quoiqu'un peu moins pessimistes) à ceux qui ont été présentés ci-dessus.

b) Segmentation en phones et apprentissage de la lecture

Les recherches sur la segmentation du langage en unités phonétiques apparaissent aujourd'hui particulièrement intéressantes et utiles pour la recherche appliquée. En effet, certains auteurs pensent actuellement que l'analyse explicite de la structure phonétique du langage a une importance cruciale pour l'apprentissage de la lecture (Francis, 1973; Alegria et Morais, 1979).
Ce point de vue pourrait, dans les années à venir, s'ériger en théorie à un moment où les explications traditionnelles des difficultés d'apprentissage de la lecture en termes de troubles perceptifs sont de plus en plus remises en question[1].

Existe-t-il une relation entre la capacité de segmenter phonétiquement la parole et la performance en lecture ? La réponse à cette question est affirmative d'après Liberman (1973). Cet auteur a constaté, chez des enfants commençant leur deuxième année primaire, que les sujets dont la performance à un test de lecture se situe dans le tiers supérieur de l'échantillon ont des résultats significativement meilleurs, dans une tâche de segmentation phonétique, que les sujets dont la performance en lecture se situe dans le tiers inférieur.

Une autre hypothèse est proposée par Alegria et Morais (1979): «S'il est exact que les difficultés de lecture sont en grande partie liées à la difficulté d'analyse de la parole au niveau phonétique, les mauvais lecteurs ne devraient pas éprouver de sérieuses difficultés à apprendre à lire dans un système qui ne fait pas appel à cette habileté».

Un certain nombre de données supportent cette hypothèse. Rozin, Poritsky et Sotsky (1971) sont parvenus à faire lire vingt-six caractères chinois (prononcés en anglais) par des enfants ayant de graves difficultés de lecture en langue anglaise. Ces enfants parvinrent à apprendre à lire en quelques heures dans ce système pictographique. Rozin et Gleitman (1977) obtiennent des résultats allant dans le même sens en amenant progressivement des enfants à l'alphabet en suivant la séquence suivante: système logographique (représentation des mots) d'abord, système syllabique ensuite, et système alphabétique enfin. Les enfants qui présentent des difficultés d'apprentissage de la lecture avec le système alphabétique peuvent acquérir sans problème les principes d'une écriture syllabique et en faire usage pour lire des textes nouveaux.

Enfin, des chercheurs japonais (Sakamoto et Makita, 1973) rapportent que le katakana (système d'écriture syllabique) est souvent acquis sans instruction formelle avant d'entrer à l'école; ce qui n'est pas le cas pour l'écriture alphabétique.

Une question importante est celle de savoir si l'analyse de la parole en unités phonétiques est un prérequis pour l'apprentissage de la lecture ou si c'est l'inverse qui est vrai. Dans le premier cas, l'analyse en question serait en quelque sorte la conséquence de la maturation intellectuelle. Dans l'autre, la prise de conscience de la structure phonétique de la langue ne serait déclenchée progressivement que par la confrontation avec la situation d'apprentissage de la lecture. Quelques études récentes tentent de résoudre cette alternative.

Une première façon d'aborder la question a été de comparer les performances de segmentation en phones chez des enfants de première année en fonction de la méthode d'apprentissage de la lecture utilisée dans la classe (Alegria, Pignot et Morais, sous presse). La tâche de l'enfant consistait à segmenter un mot (avec ou sans signification) prononcé par l'expérimentateur puis d'intervertir les phones et les fusionner pour produire une réponse. Par exemple, l'expérimentateur disait (so) et l'enfant devait répondre (os). Les résultats montrent que les enfants apprenant la lecture avec la méthode synthétique (dite analytique en Belgique) réalisent cette tâche significativement mieux que les enfants exposés à la méthode dite globale. Ce premier résultat constitue un argument en faveur de la deuxième hypothèse. En effet, on voit ici que des enfants d'un même niveau de maturation intellectuelle parviennent différemment à segmenter en fonction de la manière avec laquelle ils ont abordé la situation d'apprentissage de la lecture.

Dans une seconde étude, Alegria et Morais (1979) ont comparé les performances d'enfants d'âges identiques (de six ans à six ans dix mois) ayant des expériences d'apprentissage de la lecture différentes. Les enfants d'un premier groupe avaient commencé l'apprentissage de la lecture depuis trois mois environ, ceux du second groupe, depuis six mois. Deux tâches sont utilisées : une tâche de segmentation (par exemple, l'expérimentateur dit « école » et l'enfant doit répéter cette production en éliminant le premier phone) et une tâche de fusion (par exemple, l'expérimentateur dit « artine » et l'enfant doit ajouter un phone donné, ici « t », pour former « tartine »). Les résultats montrent clairement l'effet de l'apprentissage de la lecture sur les résultats dans les deux tâches. Les enfants ayant six mois d'expérience d'apprentissage de la lecture ont des performances significativement supérieures dans les deux tâches.

Dans une troisième étude, Morais, Cary, Alegria et Bertelson (1979) ont documenté la capacité d'analyse phonétique chez des adultes analphabètes d'une région du Portugal où l'analphabétisme a un caractère surtout social et non pathologique. Les résultats des sujets analphabètes ont été comparés avec ceux d'adultes alphabétisés tardivement vivant dans la même région et de même origine sociale. Les sujets reçoivent une tâche de segmentation et une tâche de fusion comparables à celles de l'étude d'Alegria et Morais (1979). Dans les deux tâches, les sujets analphabètes obtiennent des résultats nettement moins bons que les sujets alphabétisés. La performance de sujets analphabètes est similaire à celle des enfants de première année après trois mois de scolarité. On notera en outre que les sujets analphabètes parviennent à segmenter en syllabes. Leur incompétence en matière de segmentation phonétique ne reflète donc pas une incapacité générale à manipuler des segments de parole.

Les résultats obtenus dans les trois études précédentes concordent. La maturation ou la simple expérience du langage oral n'amène pas un enfant ou un individu à prendre conscience spontanément de la structure phonétique de la parole. Alegria et Morais (1979) pensent qu'à six ans, la majorité des enfants sont prêts à réaliser une analyse phonétique de la parole. Pour que cette capacité sous-jacente puisse s'exprimer, il faut que l'enfant soit confronté pendant quelque temps à des tâches où l'identification des phones à l'intérieur des mots est nécessaire.

3. Conclusions

Les données revues dans ce petit chapitre semblent indiquer que l'enfant réalise très tôt (entre deux ans et demi et quatre ans) un certain nombre de prises de conscience en rapport avec la composante phonétique de la langue. Il s'agit essentiellement de la conscience d'une prononciation correcte ou défectueuse, de la déformation volontaire de la prononciation à des fins humoristiques ou encore de jugements de conformité aux règles phonologiques de la langue. Les données à ce sujet sont cependant extrêmement parcellaires et ne peuvent permettre de tirer des conclusions solides.

La segmentation explicite de la parole en unités phonétiques ne se manifeste que plus tard. La segmentation en syllabes est largement possible dès quatre ou cinq ans, tandis que la segmentation en phones n'apparaît que vers six ans et demi ou sept ans et seulement si l'enfant a été confronté à des tâches nécessitant une telle analyse. L'être humain n'a pas accès au phone par le jeu d'une simple maturation intellectuelle. Comme l'indiquent Alegria et Morais (1979), ceci n'est probablement pas sans rapport avec le temps qu'a mis l'humanité pour mettre au point un système d'écriture alphabétique.

NOTE

[1] A ce sujet, on verra notamment Vellutino, Steger, Kaman et De Setto (1975).

Chapitre 4
La réflexion sur les aspects sémantiques de la langue

1. La sensibilité à l'étage sémantique de la langue

Un premier type d'activité métalinguistique à considérer à ce niveau est l'interrogation explicite de l'enfant à propos de la signification d'un mot ou d'une expression. Slobin (1978) a fourni quelques données d'observation à ce sujet. L'auteur rapporte que sa fille a commencé à poser des questions sur la signification des mots dès l'âge de 3 ans environ. On notera que la fille de Slobin a été confrontée à plusieurs environnements linguistiques puisqu'au moment du recueil des données, elle a vécu successivement en Tchécoslovaquie, en Allemagne, en Autriche, en Yougoslavie et en Turquie. Dans le cas de cet enfant, une autre activité métalinguistique observée est la traduction spontanée d'un mot d'une langue à l'autre (par exemple : « Gel » veut dire « venir » et « kos » veut dire « courir »).

L'utilisation d'une forme d'humour basée sur la violation des règles sémantiques de la langue est un autre indice de la sensibilité de l'enfant aux indices sémantiques du système linguistique. Garvey (1977) affirme que la création de mots sans signification est un des moyens les plus efficaces utilisés par les enfants d'école gardienne pour obtenir un effet humoristique. L'auteur ne fournit malheureusement guère d'exemples. Garvey a aussi observé chez des enfants de 5 ans et plus, la production, dans un contexte humoristique, de combinaisons de mots sémantiquement sans rapport ou contradictoires. Par exemple, un enfant faisant semblant d'écrire une lettre dit « Mon cher Oncle Poop, je voudrais que tu m'envoies une balle en viande rôtie et un peu de petite vérole » en souriant à son interlocuteur avant d'éclater de rire. L'utilisation des jeux de mots basés sur une homonymie par les enfants entre 6 et 14 ans témoigne également d'une certaine capacité métasémantique. Celle-ci porte sur le fait de savoir qu'une même séquence sonore peut désigner des choses ou des concepts différents. Le problème de la compréhension des doubles sens sera abordé à la section 3 du présent chapitre.

2. Les jugements d'anomalies sémantiques

Les données disponibles dans la littérature indiquent que dès l'âge de 5 ou 6 ans les enfants parviennent à juger si une phrase contient une anomalie sémantique ou pas et à corriger ces éventuelles anomalies, et ce, avec des taux de réussite allant de 75 à 90 % (James et Miller, 1973; Glass, Holyak et Kossan, 1977). Dans l'étude de James et Miller, les anomalies sémantiques étaient créées par la violation des règles de restrictions lexicales. On présentait des phrases où se trouvaient associés un nom possédant un trait sémantique donné (par exemple, le trait « humain » ou le trait « animé ») et un adjectif ou un verbe possédant le trait inverse (respectivement « non humain » ou « inanimé »). Par exemple :

- « The hungry ball rolled into the street » (La balle affamée roulait dans la rue).
- « The big spider skated across the room » (La grosse araignée patinait à travers la pièce).

Lorsque les anomalies présentées sont particulièrement évidentes, les enfants de 3 ou 4 ans parviennent déjà à les corriger (De Villiers et De Villiers, 1972; Howe et Hillman, 1973), (voir aussi le chapitre 5).

Récemment, Schwartz (1980) a étudié l'influence que peuvent avoir certains aspects de la conception du monde de l'enfant sur ses jugements d'anomalie sémantique. On sait que Lakoff (1971) considère qu'il est difficile de juger de la valeur sémantique d'une phrase isolée. La valeur sémantique d'une phrase ne peut être jugée le plus souvent qu'en tenant compte d'une série de données concernant les présuppositions des interlocuteurs. Prenons la phrase « Mon chat, qui croit que je suis fou, adore m'ennuyer ». Cette phrase semblera bizarre à la plupart des adultes. Elle paraîtra cependant correcte à toute personne accordant des capacités psychologiques humaines à l'espèce féline. En bref, on ne pourra établir qu'il y a anomalie dans la phrase présentée ci-dessus que si on présuppose que les activités psychologiques décrites ne sont pas à la portée d'un chat. Appliquant ce type de raisonnement aux anomalies utilisées par James et Miller (1973), Schwartz fait l'hypothèse qu'un enfant dont la conception du monde est dominée par la pensée animiste ne portera pas les mêmes jugements d'anomalie qu'un enfant ayant abandonné ce type de pensée. Ainsi, si un enfant conçoit qu'un rocher vit, il n'y a rien d'étonnant à ce qu'il trouve sémantiquement acceptable une phrase telle que « Le rocher se promenait sur la colline ». Dans ce cas, la non-détection de l'anomalie sémantique ne peut être attribuée à une difficulté de jugement métasémantique à proprement parler.

Pour tester son hypothèse, Schwartz présente conjointement à des enfants de 4 à 8 ans des phrases contenant ou non des anomalies sémantiques et un questionnaire, inspiré de Laurendeau et Pinard (1962), destiné à cerner la conception du monde des sujets ou plus précisément à évaluer l'importance de l'animisme dans leur mode de pensée. Les résultats indiquent qu'une relation importante existe entre le niveau d'animisme et la difficulté de détection des anomalies sémantiques. Mieux, les analyses révèlent que le niveau d'animisme constitue un meilleur prédicteur des performances des enfants que l'âge chronologique.

Il y a eu jusqu'ici peu d'observations longitudinales de l'évolution des jugements d'anomalie sémantique. Une des rares recherches de ce type est celle de Carr (1979). Cet auteur a essayé de caractériser en trois stades cette évolution durant la troisième année.

Dans un premier stade, les enfants utilisent une stratégie de jugement basée sur leur expérience vécue. S'ils ne peuvent faire correspondre ce qui est décrit dans la phrase à une expérience passée, ils jugent que la phrase contient une anomalie. Ce qui frappe à ce niveau, c'est la certitude dogmatique avec laquelle l'enfant rejette certaines phrases, y compris des phrases correctes. Ainsi, une phrase telle « Le cheval boit de l'eau » peut être rejetée parce que l'enfant sait qu'un chien boit de l'eau mais qu'il n'a jamais vu de cheval en boire. Il y a chez ces enfants une confusion entre la réalité et l'état de leur connaissance à propos de la réalité. Dans la mesure où l'expérience d'enfants de plus ou moins deux ans et trois mois est assez restreinte, beaucoup de phrases (y compris celles qui contiennent une anomalie sémantique) sont rejetées mais il est clair qu'elles ne le sont pas sur la base d'un jugement métalinguistique.

Dans un deuxième stade, les enfants manifestent une préférence pour un jugement de correction sémantique des phrases. L'enfant tend à juger correcte toute phrase pour laquelle il ne possède pas les connaissances qui lui permettraient d'en juger le bien-fondé. Il manifeste donc une prise de conscience des lacunes de sa propre connaissance du monde. Les relations sémantiques anormales ou bizarres sont jugées acceptables si elles sont inconnues.

Enfin, dans un troisième stade, les enfants utilisent toujours des stratégies basées sur l'expérience vécue. Leur évaluation des phrases est restrictive mais cependant meilleure que celle des enfants du premier stade. L'évolution consiste surtout en l'apparition d'hésitations, de doutes et en la disparition d'un certain nombre de jugements arbitraires. Il y a prise de distance plus nette par rapport au matériel verbal que précédemment.

L'étude de Carr (1979) ne porte malheureusement que sur une période d'âge restreinte. On peut souhaiter que ce type d'approche soit appliqué à des enfants plus âgés, ce qui devrait permettre de procéder à d'intéressants recoupements avec les données obtenues dans les études transversales.

Un autre aspect des activités métasémantiques est le jugement de synonymie. Il n'existe à l'heure actuelle que peu de recherches développementales sur ce problème (Beilin et Spontak, 1969; Sack et Beilin, 1971; Hakes,

1980). Ces études indiquent, d'une part, que les jugements de synonymie évoluent plus lentement que la compréhension des phrases à juger et, d'autre part, que les proportions de jugements corrects ne se différencient d'un taux aléatoire que vers l'âge de 6 ou 7 ans. La réussite semble très variable en fonction de la complexité des relations sémantiques qu'il faut juger équivalentes (Hakes, 1980). L'explication des difficultés observées est malaisée. Pour décider que deux phrases ont le même sens alors que leur forme est différente, l'enfant doit pouvoir mettre en œuvre un certain nombre de processus de représentation des significations et retenir ces dernières assez longtemps pour qu'une comparaison puisse s'opérer. Jusqu'ici on n'a pas pu établir à quel(s) niveau(x) l'enfant éprouve des difficultés. Est-ce au niveau des représentations, de la mémoire à court terme ou s'agit-il surtout d'une faiblesse dans le processus de comparaison? Le problème reste entier.

3. L'explication des ambiguïtés linguistiques

Une autre activité métalinguistique pertinente à ce niveau est la sensibilité au double sens, la prise de conscience que certains messages peuvent être interprétés de deux façons différentes. Dans les études développementales consacrées à ce problème, la tâche de l'enfant consiste à donner une paraphrase de chaque interprétation possible d'une phrase ambiguë (Kessel, 1970; Shultz et Pilon, 1973) ou à expliquer des jeux de mots basés sur un double sens (Brodzinsky, 1977; Fowles et Glanz, 1977; Hirsch-Pasek, Gleitman et Gleitman, 1978).

Les ambiguïtés linguistiques peuvent exister à chacun des différents niveaux du système linguistique.

Nous reprenons ci-dessus quelques exemples des différents types de double sens exploités dans les études mentionnées :

1. *Les ambiguïtés phonologiques.* Elles résultent de l'utilisation de deux séquences phonétiques similaires, par exemple :
- « Bob coughed until his face turned blue ».
(Bob toussa jusqu'à en devenir bleu).
- « Was he choking ? No, he was serious ».
(Est-ce qu'il suffoquait ? Non, il était sérieux).

Le jeu de mots est basé sur la proximité phonétique entre « choking » (suffoquer) et « joking » (faire une blague).

2. *Les ambiguïtés lexicales.* Elles résultent de l'utilisation d'une homonymie, par exemple :
- « How do we know there was fruit on Noah's ark ? ».
(Comment sait-on qu'il y avait des fruits sur l'arche de Noé ?).
- « Because animals came in / PEAR / ».
(Parce que les animaux sont venus par paires).

Ici, le jeu de mots est basé sur l'homonymie pear (poire) / pair (paire).

3. *Les ambiguïtés syntaxiques de structure de surface.* Elles résultent de l'émission d'une séquence de mots qui peuvent être couplés de deux façons différentes, par exemple :
- « The (man eating) fish » = le poisson mangeur d'hommes.
- « The man (eating fish) » = l'homme qui mange du poisson.

Ce type d'ambiguïté est potentiellement fréquent dans une langue comme l'anglais.

4. *Les ambiguïtés syntaxiques de structure profonde* [1]. L'ambiguïté est due à l'utilisation d'une séquence de mots pouvant avoir deux sources transformationnelles différentes. Il s'agit de deux interprétations de structures profondes différentes à partir d'une même structure de surface. Par exemple :
- « What kind of animal can jump higher than a house ? ». (Quel animal peut sauter plus haut qu'une maison ?).
- « Any animal. Houses can't jump ». (Tous. Les maisons ne sautent pas).

Les données disponibles montrent une évolution différente de l'explication des ambiguïtés selon la composante linguistique où est situé le double sens. Les ambiguïtés lexicales sont les plus faciles à détecter. Elles sont convenablement paraphrasées dans leur double sens dès une période d'âge allant de six à neuf ans selon le degré de difficulté (Shultz et Pilon, 1973; Kessel, 1970; Hirsch-Pasek et al., 1978). Ces données correspondent aux résultats qui portent sur l'analyse de la production des jeux de mots par les enfants d'école primaire. Sutton-Smith (1976) rapporte que soixante pour cent des jeux de mots des enfants de six à quatorze ans sont basés sur une homonymie. Une corrélation importante semble exister entre les types de jeux de mots produits par l'enfant et ceux dont il peut détecter le double sens (Holliday, 1978).

La période d'âge où les ambiguïtés syntaxiques sont paraphrasées avec succès varient selon les études. Kessel (1970) rapporte que les ambiguïtés syntaxiques de structure profonde sont expliquées correctement vers huit à neuf ans tandis que les ambiguïtés de structure de surface ne le sont que vers neuf à douze ans. Shultz et Pilon (1973) relèvent encore cinquante pour cent d'échecs pour ce type d'ambiguïté chez des adolescents de quinze ans. Malgré ces différences, les auteurs semblent d'accord pour considérer que les ambiguïtés syntaxiques de structure profonde sont plus faciles à traiter que les ambiguïtés de structure de surface (Kessel, 1970; Hirsch-Pasek, Gleitman et Gleitman, 1978). Les ambiguïtés les plus difficiles à détecter seraient celles qui demandent une représentation des aspects les plus superficiels de la phrase, à savoir les ambiguïtés phonologiques et syntaxiques de structure de surface.

Un aspect frappant des études sur la compréhension des ambiguïtés linguistiques est l'énorme variabilité individuelle des performances. Par exemple, Kessel (1970) a observé que certains enfants de sept ans pouvaient détecter et expliquer des ambiguïtés linguistiques auxquelles restent insensibles des enfants de dix ans.

4. La conception du mot chez l'enfant

a) *Une première approche: la définition du mot « mot »*

Berthoud-Papandropoulou (1976; 1978), optant pour une telle approche, a demandé à des enfants de quatre à douze ans d'expliquer ce qu'est un mot.

L'analyse des définitions fournies par les enfants les plus jeunes (quatre et cinq ans) montrent qu'ils ne peuvent faire la différence entre le mot et la chose (l'état ou l'action). Parmi les définitions obtenues à cet âge, on trouve :

- « Un mot c'est quand je fais quelque chose ».
- « Un mot c'est quelque chose de vrai ... ça peut être une chaise ou une tasse ou un livre ou une feuille ou un chien ou des gens ou une bouteille ou boire ... ».

A ce stade, les mots ne semblent pas avoir d'existence indépendante de celle du référent. Ils existent parce que l'état, l'action ou l'objet auxquels ils se réfèrent existent. La définition suivante illustre parfaitement cette conception :

- « Un mot c'est quelque chose qui existe, c'est quelque chose de vrai parce qu'on voit ce que c'est ».

A cet âge, si on demande à l'enfant de dire un long mot, il exprime en général un mot désignant un objet long (par exemple : « Un train »). Si on lui demande de dire un mot court, il fournit un mot désignant un objet de petite taille (par exemple : « Un œil, parce qu'il est petit »).
A la consigne « Dis-moi un mot difficile », les enfants de cet âge répondent en décrivant une action difficile, par exemple : « Quelqu'un qui enlève la clé parce que c'est difficile ».

Certains enfants âgés de cinq à sept ans définissent le mot comme l'acte de la parole lui-même, par exemple :

- « Un mot, c'est quand on parle, quand on dit quelque chose ».

Un long mot peut être, par exemple : « Il s'en va et puis il monte dans sa voiture » ou « Je rentre à la maison et j'enlève mes chaussures, c'est long parce que je dis deux choses en même temps » et un mot court est « Il s'en va ... parce qu'il s'en va seulement » ou « Je vais là-bas, c'est court parce qu'il n'y a qu'une seule chose». A ce stade, ce n'est plus la grandeur physique d'un objet ou la durée d'une action qui définit la longueur d'un mot, mais la longueur de la chaîne parlée servant de support à la description.

Vers six ou sept ans, les enfants commencent à concevoir les mots comme *des labels* servant à désigner un référent. Le mot dispose à ce moment d'une existence indépendante. L'enfant, lui reconnaît des unités constitutives. («Un mot c'est des lettres»).

Ce type de définition est souvent accompagné de restrictions portant sur le nombre d'unités pouvant composer un mot (par exemple: «Il faut assez de lettres pour faire un mot, pas trop ni trop peu»). A ce stade, les enfants excluent les articles et autres mots fonctions de la classe des mots. Par exemple: «Le» n'est pas considéré comme un mot parce qu'il ne comporte pas assez de lettres.

A partir de sept ans environ, le mot est considéré comme une partie de la chaîne parlée, comme un morceau de phrase. On obtient des définitions du type:
- «Un mot c'est un bout de l'histoire».
- «Quelque chose ... on a une phrase, il y a des mots dedans».

Vers sept ou huit ans, reflétant l'apprentissage scolaire, certains enfants s'efforcent de définir le mot en utilisant *certains termes grammaticaux*. Par exemple: «Les mots, ce sont les adjectifs, les noms et les verbes». Cependant, de façon générale, les définitions obtenues à cet âge correspondent plus ou moins à la définition du nom (par exemple: «Un mot c'est le nom d'une personne, d'un animal, d'une chose, d'une fleur, c'est quand on peut mettre 'le' devant, c'est quand on peut le mettre au singulier ou au pluriel ». Cette conception du mot exclut donc une grande partie du lexique, à savoir les mots qui ne sont pas des substantifs.

Ce n'est qu'à partir de dix ans environ que le critère de signification apparaît systématiquement dans les définitions (par exemple: « Un mot c'est fait de lettres et ça veut dire quelque chose »). En outre, le mot n'est plus défini uniquement comme un nom. Un certain nombre de mots fonction font maintenant partie de la catégorie des mots.

Une autre façon d'aborder le même problème est d'investiguer au moyen d'épreuves adaptées la connaissance de certaines caractéristiques linguistiques essentielles liées aux mots telles l'arbitrarité du signe linguistique, la nature non physique du mot et la distinction entre signification et référence.

b) L'arbitrarité du signe linguistique

Le problème est de déterminer si les enfants réalisent qu'il existe une relation arbitraire entre un mot et son référent. Il s'agit de voir si les enfants conçoivent que le fait de changer le nom d'un objet n'affecte pas les propriétés de cet objet.
Dès le début du siècle, Piaget (1929) et Vygotsky (1934, trad. 1962) ont observé que les enfants considèrent le nom d'un objet comme une propriété intrinsèque et invisible de cet objet. L'enfant réagit comme si changer le nom d'un objet équivalait à changer les propriétés physiques de cet objet. Un exemple souvent cité est celui où un enfant nie le fait qu'on puisse interchanger les noms « vache » et « encre » parce que « on se sert de l'encre

pour écrire et la vache, ça donne du lait» (Vygotsky, 1934).

Plus récemment, Osherson et Markman (1975) ont repris ce problème en demandant à des enfant d'imaginer, par exemple, que tout le monde décide à partir de maintenant d'appeler le soleil «la lune» et la lune «le soleil».

Après s'être assuré que les sujets avaient compris la substitution des signifiants, on demande à l'enfant de décrire à quoi le ciel ressemblera la nuit quand il (l'enfant) ira se coucher et que le soleil sera dans le ciel. La réponse adaptée est la description d'un ciel nocturne. Les résultats montrent que jusqu'en troisième primaire (âge moyen: 8 ans et 9 mois), les enfants décrivent un ciel diurne ensoleillé. Il semble que, jusqu'à cet âge, l'enfant ne puisse conserver intactes les propriétés d'un référent quand son label a changé. Le caractère arbitraire du signifiant leur échappe donc, au moins dans ce type de tâche.

c) *La nature non physique des mots*

Il s'agit de savoir à partir de quel âge un enfant se rend compte que les mots ne possèdent pas les propriétés physiques de leur référent.

Pour aborder ce problème, Osherson et Markman (1975) posent à l'enfant des questions telles que: «Est-ce que le mot 'pluie' est mouillé?» ou «Est-ce qu'on peut acheter un bubble-gum avec le mot franc?». Jusqu'en troisième primaire, la majorité des enfants répondent positivement à ce type de questions. Ces données constituent pour Osherson et Markman, l'indice d'une difficulté de différenciation des propriétés du référent et de son label.

d) La distinction entre la signification et la référence

Osherson et Markman (1975) ont mis sur pied une expérience destinée à étudier si l'enfant conçoit qu'un mot peut encore avoir une signification en dépit de la disparition de son référent.

La méthode consiste à demander aux enfants de définir un mot (par exemple le mot «girafe») puis d'imaginer que toutes les girafes disparaissent du monde entier. On demande alors aux enfant si, dans ce cas, le mot girafe continuera à exister dans la langue (la réponse attendue est «oui») et comment ils définiraient le mot girafe à un enfant qui leur demanderait une telle définition (la réponse attendue est une définition semblable à celle qui a été donnée précédemment). Les enfants tendent à répondre négativement à la question posée. En sixième année primaire (âge moyen: 11 ans 7 mois), seulement la moitié des enfants interrogés réagissent de la façon attendue.

Markman (1976) a tenté de mettre en évidence certains facteurs expliquant les difficultés observées chez des enfants de 6 à 9 ans (cet essai ne porte que sur les deux dernières tâches). Elle fait l'hypothèse que ces difficultés pourraient être dues à l'aspect éphémère et intangible du mot dans la langue parlée. Pour tester cette hypothèse, l'auteur cherche à savoir si les performances des enfants diffèrent selon le type de rapport entre symbole et référent (mot / référent ou image / référent). Les résultats montrent que les enfants différencient significativement mieux l'image de son référent que le mot de son référent.

Un autre facteur explicatif tient au fait que les propriétés non linguistiques du référent sont plus prégnantes que les propriétés linguistiques du mot. Markman, comparant la réaction des enfants dans la tâche destinée à étudier la nature non physique des mots et dans une tâche inverse (nature non linguistique des référents), a constaté que les enfants sont plus enclins à donner au mot les propriétés physiques de son référent qu'à donner au référent les propriétés linguistiques de son label.

En conclusion, au terme de ces études, il apparaît que l'enfant éprouve des difficultés à faire la différence entre un mot et son référent. Le degré de difficulté varie selon la tâche demandée. Ainsi, dès 7 ans, les enfants semblent capables de définir le mot comme étant un label disposant d'une existence indépendante de celle de son référent. Dans les tâches plus complexes, cependant, il faut attendre jusqu'à 9 voire 12 ans avant que l'enfant puisse manifester clairement une connaissance de cette différence fondamentale. La nature éphémère du mot en langue parlée et la prégnance des propriétés non linguistiques du référent dans la pensée métalinguistique de l'enfant semblent constituer autant de facteurs pertinents dans l'explication des difficultés observées.

5. La réflexion sur les aspects pragmatiques du langage

La présence de la réflexion sur les aspects pragmatiques dans un chapitre consacré à la réflexion sur les aspects sémantiques ne signifie nullement que nous subordonnons la composante pragmatique à l'étage sémantique du système linguistique. La raison de cette inclusion tient à ce que les recherches sur la « métapragmatique » sont très rares. La revue des données n'avait donc pas la dimension d'un chapitre. Le présent chapitre nous est apparu le plus approprié pour contenir cette section.

Une façon d'aborder le problème de la réflexion métapragmatique est, comme le suggèrent Shultz et Robillard (1980), d'étudier l'évolution de la connaissance explicite des postulats conversationnels de Grice (1975). Ces postulats se résument habituellement comme suit[2] :

A. Quantité

1. Que votre contribution contienne autant d'informations qu'il est requis (pour les visées conjoncturelles de l'échange).
2. Que votre contribution ne contienne pas plus d'informations qu'il n'est requis.

B. Qualité

1. Que votre contribution soit véridique.
1. a) N'affirmez pas ce que vous croyez être faux.
1. b) N'affirmez pas ce pour quoi vous manquez de preuve.

C. Relation

Parlez à propos (ou que votre discours soit pertinent quant à son sujet[3]).

D. Modalités

Soyez clair.
1. a) Evitez de vous exprimer avec obscurité.
1. b) Evitez d'être ambigu.

1. c) Soyez bref (ne soyez pas plus prolixe qu'il n'est nécessaire).
1. d) Soyez méthodique.

Un premier type d'activité métalinguistique digne d'intérêt est le jugement d'adéquation pragmatique du discours, c'est-à-dire juger si, dans un contexte donné, un message ou un ensemble de messages respectent les postulats conversationnels. On remarquera qu'en ce qui concerne les règles A1, C et D1b, les informations recueillies au niveau des jugements d'adéquation référentielle sont pertinentes puisqu'il s'agissait de la valeur informative des messages ou de la présence d'une ambiguïté (cfr chapitre 2). Les jugements d'adéquation pragmatique concernant les autres postulats n'ont pas été étudiés chez l'enfant, à notre connaissance.

La recherche pilote en matière d'étude et de réflexion sur la composante pragmatique du langage est celle de Bates (1976). Après avoir étudié la façon dont les jeunes enfants produisent des requêtes polies, Bates a invité des sujets de trois à six ans à porter des jugements de politesse explicites. Deux marionnettes demandaient, l'une après l'autre, un bonbon à une troisième marionnette représentant une vieille dame. La tâche de l'enfant consistait à juger quelle marionnette avait émis la requête la plus polie, après quoi une nouvelle paire de messages lui était présentée avec prière d'effectuer le même jugement. Les paires de messages étaient construites en fonction des variables linguistiques suivantes :

1. Utilisation de l'expression familière de la deuxième personne (en français « tu ») par opposition à l'utilisation de l'expression formelle de la deuxième personne (en français « vous »). Par exemple, « Tu me donnes un bonbon ? » / « Vous me donnez un bonbon ? ».

2. Utilisation d'une construction interrogative par opposition à l'émission d'une impérative. Par exemple, « Tu me donnes un bonbon ? » / « Donne-moi un bonbon ».

3. Utilisation d'une construction conditionnelle par opposition à l'émission d'une déclarative. Par exemple, « Je voudrais un bonbon » / « Je veux un bonbon ».

4. La présence par opposition à l'absence de la formule « s'il te plaît ». Par exemple, « Donne-moi un bonbon » / « Donne-moi un bonbon, s'il te plaît »; ou encore

5. L'utilisation d'une intonation douce par opposition à l'utilisation d'une intonation sèche.

Dès l'âge de trois ou quatre ans, les enfants jugent plus polies les requêtes contenant la formule « s'il te plaît ». Vers quatre ou cinq ans, ils jugent en outre que l'intonation douce est plus polie. Ce n'est que vers cinq ans et demi ou six ans que les phrases contenant l'expression formelle de la deuxième personne ou une construction conditionnelle sont jugées plus polies. Dans aucun groupe d'âge, les enfants n'ont jugé la construction interrogative plus polie que l'impérative.

Bates a également demandé aux enfants de justifier leur choix. Les résultats indiquent que la tâche réflexive est beaucoup plus difficile pour les enfants. Globalement, parmi les enfants ayant jugé correctement un type de requête, à peine 8 pour cent (pour les plus jeunes) et 45 pour cent (pour les plus âgés) peuvent identifier l'élément linguistique donnant une valeur plus polie à la phrase. Les items les plus difficiles pour la tâche de jugement apparaissent aussi les plus difficiles pour la tâche de justification. Au total, Bates conclut que l'habileté à raisonner sur des choix pragmatiques se développe séparément et plus tardivement que la capacité de jugement pragmatique passif.

NOTES

[1] Nous ne nous prononçons pas ici sur le statut théorique de la structure profonde. Celui-ci varie selon les différentes approches (cfr par exemple, Chomsky, 1965; Fillmore, 1968; Chafe, 1970).

[2] D'après la traduction française de F. Berthet et M. Bozon (1979).

[3] Ajouté par nous.

Chapitre V
Les jugements d'acceptabilité grammaticale

1. Contexte théorique

Les locuteurs-auditeurs adultes natifs d'une langue disposent pour cette langue d'une sorte d'intuition grammaticale qui leur permet de juger les phrases qu'ils entendent comme acceptables, inacceptables ou plus ou moins acceptables grammaticalement, c'est-à-dire selon les règles de la langue. Cette intuition fait partie de la compétence langagière des sujets parlant. Elle a fait l'objet de plusieurs tentatives de définition dans le contexte théorique de la grammaire générative (Chomsky, 1957, 1965; cfr aussi Ruwet, 1967). Selon Chomsky, il faut distinguer entre la notion de phrase grammaticale et celle de phrase sémantiquement interprétable ou ayant un sens. L'exemple célèbre fourni par le linguiste américain (Chomsky, 1957) permet d'illustrer cette distinction:
- Colorless green ideas sleep furiously.
  (Des idées vertes incolores dorment furieusement).
- Furiously sleep ideas green colorless.
  (Furieusement dormir idées vertes incolores).

Les deux séquences présentées ci-dessus sont également vides de sens mais la première est organisée selon une structure syntaxique «normale». Elle est acceptable grammaticalement tandis que la seconde ne l'est pas.
On ne confondra pas la notion de grammaticalité avec les «normes» du beau langage. Grammaticalité et stylistique sont des domaines qu'il convient de garder distincts. Les exemples suivants repris à Ruwet (1967) feront mieux comprendre.

1. Je n'ai rien vu;
2. Je n'ai vu rien;
3. J'ai rien vu;
4. J'ai vu rien.

Comme le note Ruwet, une grammaire normative (par exemple, «Le bon usage» de M. Grevisse) tendrait vraisemblablement à considérer comme incorrect aussi bien l'énoncé 2 que l'énoncé 3 et 4. Or, ces énoncés, affirme Ruwet (1967, p. 28) ont un statut différent d'un point de vue grammatical. La phrase 3 est formulée selon un style familier à l'opposé de la phrase 1 qui correspond à un français plus «châtié». Mais 1 et 3 s'opposent à 2 et 4 qui sont toutes deux incorrectes au plan grammatical. Une grammaire scientifique (à l'opposé d'une grammaire normative) est neutre par rapport à certains styles plus ou moins formels ou familiers. Elle cherche à rendre compte de l'intuition des sujets parlant qui les amène à tenir tel ou tel énoncé pour structuralement déviant. Chomsky (1957) entend également distinguer entre la notion de phrase grammaticale et la fréquence d'une expression dans la langue parlée ou écrite. Une phrase peut être parfaitement grammaticale sans être fréquente. Le premier exemple repris à Chomsky et fourni plus haut constitue sans doute un cas extrême à ce point de vue. Sa fréquence d'apparition dans la langue anglaise était voisine de zéro avant l'utilisation qu'en a faite Chomsky, ce qui ne l'empêche pas de correspondre structuralement aux règles de la langue. Les rapports entre fréquence d'usage et attitude métalinguistique sont plus complexes que ne le laisse supposer les remarques précédentes. On peut imaginer plusieurs possibilités (Greenbaum, 1969, 1976) : (1) une forme est rarement ou jamais utilisée mais néanmoins acceptée — l'exemple repris à Chomsky fait partie de cette catégorie; (2) une forme est utilisée bien qu'elle soit considérée inacceptable sur le plan grammatical; (3) une forme est préférée à une autre forme sur le plan grammatical et/ou quant à l'usage, bien que les deux formes soient jugées grammaticalement acceptables; et (4) une forme est acceptable seulement dans certains contextes linguistiques ou situationnels.

La notion de grammaticalité ou d'acceptabilité grammaticale telle qu'elle est appréhendée ci-dessus (d'une façon essentiellement négative) reste fort théorique. Il est vraisemblable que dans la pratique les sujets ne distinguent pas clairement entre facteurs purement grammaticaux et facteurs sémantiques et stylistiques dans leurs jugements d'acceptabilité. Mais la littérature spécialisée est pauvre en études empiriques sur cette question en dépit de son importance pour la théorie. Divers facteurs influencent les réponses des sujets dans les expériences sur les jugements d'acceptabilité comme le montre les quelques études publiées (Uhlenbeck, 1963, 1967; Bolinger, 1968; Elliot, Legum et Thompson, 1969; Mittins, Salu, Edminson et Coyne, 1970; Greenbaum et Quirk, 1970; Slama-Cazacu, 1971; Greenbaum, 1973, 1976). On peut montrer que les évaluations des individus varient sensiblement avec le niveau de scolarité atteint et l'exposition à des enseignements portant sur la linguistique et sur les sciences du langage en général. On peut montrer également que les évaluations des individus varient selon qu'on leur demande de juger de l'acceptabilité d'un énoncé en imaginant différents contextes linguistiques ou situationnels. De même l'ordre dans lequel on donne les phrases à juger n'est pas sans influencer les jugements d'acceptabilité. Si on présente les phrases par groupe de quatre, comme dans les expériences d'Elliot et al. (1969) et de Greenbaum (1973), on trouve que la première phrase, et dans une moindre mesure la seconde phrase, sont jugées plus sévèrement que les phrases qui suivent, toutes choses étant égales par ailleurs. Un autre facteur qui influence les jugements d'acceptabilité est le contexte linguistique constitué par les autres phrases à juger. Nous reprenons trois exemples utilisés par Greenbaum (1976). Ils concernent la négation du verbe « dare » (« oser ») et expriment la même signification.

1. We didn't dare answer him back.
   (Nous n'osâmes pas lui répliquer).
2. We dare not answer him back.
3. We didn't dare to answer him back.

Dans l'expérience de Greenbaum (1976), chacune des phrases précédentes fut présentée deux fois aux sujets par paires séparées. Il s'agissait d'étudiants d'Université débutants, de langue maternelle anglaise, sans formation particulière en linguistique. Les résultats indiquent très clairement que l'évaluation de l'énoncé 3 le moins acceptable grammaticalement parlant varie selon qu'il est présenté avec l'énoncé 1 ou avec l'énoncé 2. L'évaluation grammaticale de l'énoncé 3 est moins favorable en présence de l'énoncé 1 que de l'énoncé 2.

Il est possible au moins dans certains cas, que les mêmes influences de « voisinage linguistique » jouent pour des énoncés présentés isolément à l'évaluation des sujets. Ces derniers pouvant se livrer mentalement à des comparaisons avec des énoncés entendus précédemment ou imaginés. Si cela est, l'évaluation individuelle peut être aussi fonction de la capacité d'évoquer des comparaisons entre certaines phrases entendues ou possibles. Les jugements d'acceptabilité grammaticale sont donc beaucoup plus relatifs qu'absolus. Ils sont influencés par toute une série de facteurs dont un petit nombre seulement a été étudié.

Chomsky (1965) a proposé une hiérarchie de règles utilisables pour attribuer un degré de grammaticalité à des énoncés variant selon la correction grammaticale. Brièvement décrit, on peut distinguer dans les énoncés non grammaticaux différents types de violation. Les règles violées se situent à trois niveaux différents de la hiérarchie des règles impliquées dans la description structurale des phrases. Ainsi de « haut en bas », on peut distinguer un *premier niveau* qui concerne les règles de *catégorisation lexicale*. Elles aboutissent à déterminer le choix correct des termes lexicaux selon leur fonction grammaticale dans la phrase. Par exemple, la phrase qui suit (reprise à Chomsky, 1965) fournit un exemple de violation d'une règle de catégorisation lexicale.
Un « non-verbe » (le substantif « vertu ») y remplace le verbe « effrayer », rendant l'énoncé inacceptable.
- La sincérité peut *vertu* l'enfant

(La sincérité peut *effrayer* l'enfant)

A un second niveau, on situe les règles dites de sous-catégorisation. Leur violation aboutit, par exemple, à l'utilisation d'un verbe intransitif là où on devrait avoir un verbe transitif.
- Jean *devint* Robert de quitter la pièce.
 (Jean *persuada* Robert de quitter la pièce).

A un troisième niveau, on trouve les règles dites de

sélection. Leur violation aboutit à la sélection d'items lexicaux erronés par rapport aux contraintes sémantiques impliquées par l'emploi des autres termes de la phrase. L'exemple suivant fournit un cas de ce type.
- *Le vin aime Jacques*.
(Jacques aime le vin).

Chomsky a suggéré que le degré d'acceptabilité des phrases non grammaticales dépend directement du niveau plus ou moins élevé ou se situe la règle violée dans la hiérarchie des règles génératives. Moore (1972; 1975) a mis à l'épreuve l'hypothèse chomskyenne dans deux travaux expérimentaux, menés, le premier, avec un groupe de sujets adultes et, le second, avec un autre groupe de sujets adultes et un groupe d'enfants âgés en moyenne de 12 ans et 5 mois. Cet auteur a proposé à ses sujets d'évaluer l'acceptabilité d'une série de phrases présentant chacune, et en proportions égales, un type de violation de règles parmi les trois types définis ci-dessus. Les phrases furent présentées une à une et l'évaluation se fit en utilisant une échelle à 20 cases allant du plus acceptable au moins acceptable. Les évaluations effectuées par les adultes et les enfants sont comparables en général mais ne correspondent pas à la hiérarchisation proposée par Chomsky. En fait, parmi les phrases utilisées par Moore, toute phrase présentant une séquence S-V-O (sujet-verbe-objet) incorrecte (cas relevant du 3e niveau de violation identifié plus haut) est jugée comme moins grammaticale qu'une phrase non grammaticale pour une autre raison. Les adultes réagissent également à des violations qui concernent des parties de l'énoncé, comme la violation des règles de catégorisation lexicale, alors que les enfants ne semblent pas en tenir compte dans leurs évaluations. Moore (1975) conclut que la connaissance des classes formelles du langage par les enfants de 12 ans est peut-être moins avancée qu'on ne l'a considéré jusqu'ici au moins sur le plan de la réflexion métalinguistique. Ceci nous amène à la seconde partie du chapitre qui porte sur l'évolution développementale relative à l'évaluation par l'enfant de ce qui est acceptable ou moins acceptable dans la pratique de la langue.

2. Données développementales

Quand peut-on situer chez le jeune enfant l'émergence d'un certain sens de la correction grammaticale des énoncés produits et entendus? Il est hors de question de demander au jeune enfant de poser des jugements de grammaticalité formels sur des énoncés qu'on lui présenterait. L'entreprise ne peut réussir. Il faut user de moyens indirects. Slobin (1978) est de l'avis qu'une certaine intuition quant à la grammaticalité des énoncés est implicite dans les corrections par l'enfant de son propre langage et peut-être dans les réactions d'étonnement qu'il peut manifester en présence de certains aspects du langage adulte difficiles ou impossibles à assimiler pour lui. L'auteur américain rapporte une série d'observations effectuées avec sa fille Heida entre 4 ans et 2 mois et 4 ans et 9 mois. A 4 ans et 2 mois, l'enfant refusait «avec véhémence» d'accepter les formes irrégulières (grammaticales) du passé anglais au profit de ses propres sur-généralisations (par exemple, «comed» au lieu de «came»; «goed» au lieu de «went», etc.). Interrogée quelques semaines plus tard, elle juge les formes adultes correctes tout en continuant à produire uniquement ses propres sur-généralisations. Le testing informel fut poursuivi pendant plusieurs mois sans que l'enfant reçoive de feedback correcteur de la part de l'adulte, avec les résultats suivants. Vers 4 ans et 4 mois, Heida change souvent d'avis lorsqu'elle est placée en situation de conflit grammatical ». Par exemple, interrogée sur la forme passée de « know », elle avance « knowed ». Si on lui suggère « knew » (forme correcte), elle l'accepte. De même, elle suggère « winned », repousse « wan » et accepte « won » pour le passé du verbe « win » (gagner). Il lui arrive de changer d'avis si on met sa réponse en doute. A la même époque, elle continue à produire uniquement ses propres sur-généralisations dans le discours spontané. Elle semble donc disposer d'un début d'intuition grammaticale qui ne se traduit pas au niveau de ses productions verbales spontanées. Dans les mois qui suivent, elle considère également correctes ses propres formes sur-généralisées et les formes grammaticales qu'on lui propose. « Les deux sont correctes, dit-elle » en présence de deux formes conflictuelles comme « finded » et « found » (passé du verbe « find »). Slobin (1978) émet l'hypothèse que l'enfant éprouve sans doute une impression de familiarité sur les formes verbales correctes et celles qu'elle sur-généralise, d'où son acceptation des deux séries de structures. Elle ne semble pas se rendre compte que les premières viennent exclusivement du langage adulte tandis que les secondes proviennent de son propre langage. A 4 ans et 7 mois, l'enfant donne des signes qu'elle commence à accorder la préférence aux formes adultes dans ses évaluations grammaticales et parfois dans ses productions spontanées. Par exemple, si elle vient d'utiliser une forme correcte et qu'on lui réponde avec la forme incorrecte, elle manifeste des signes d'embarras. L'extrait de dialogue suivant (Slobin, 1978, p. 53) illustre ce point.

Heida : « ... That's the book she *read*. She read the whole, the whole book ». (« C'est le livre qu'elle a lu. Elle a lu tout, tout le livre »).

Dan (Slobin) : « That's the book she *readed* huh ? »

Heida : « Yeah ... read ! » (embarrassée).

Dan : « Oh ».
Heida : « Dum-dum ».

A 4 ans et 9 mois, l'enfant reconnaît les formes adultes comme seules correctes et évalue ses propres généralisations (survenant encore de temps à autre) comme autant d'erreurs. Comme en attestent ces observations, une certaine capacité d'évaluer la forme, le sens et l'usage des structures linguistiques est présente chez l'enfant à un âge relativement jeune.

L'évaluation de l'organisation séquentielle des mots au sein d'énoncés courts chez le jeune enfant a fait l'objet de trois études expérimentales, l'une menée par Gleitman, Gleitman et Shipley (1972) et les deux autres par De Villiers et De Villiers (1972). Gleitman et al. (1972) entraînèrent des enfants de 30 mois à jouer au jeu suivant : la mère lit des énoncés impératifs simples corrects ou incorrects du point de vue de l'ordre des mots, par exemple :

- Eat the cake (Mange le cake).
- Box the open (Boîte la ouvre).

L'expérimentateur présent jouait le rôle du « juge » et devait évaluer la phrase comme « bonne » ou comme « sotte » (« silly »). Après quelques exemples, l'enfant fut autorisé à jouer le rôle du juge. Les enfants acceptèrent environ 50 % des impératives renversées comme étant « bonnes ». On leur demanda également de proposer des corrections pour les phrases jugées « sottes ». Seulement 15 % des corrections proposées portaient sur l'ordre des mots, les autres suggéraient un changement de sens de façon à corriger la « sottise » de la phrase (par exemple, « box the open » fut transformé en « get in the box » — « aller dans la boîte »). On peut se demander, évidemment si le label « sotte » choisi pour qualifier les phrases impératives déviantes du point de vue de l'ordre des mots n'a pas joué un rôle dans l'induction des corrections sémantiques. De Villiers et De Villiers (1972) ont modifié la technique de Gleitman et al. de la façon suivante : l'enfant était mis en présence d'une poupée qui « avait la mauvaise habitude de dire des choses de travers », la tâche était d'aider la poupée « retardée » à apprendre à parler correctement. La poupée formulait des impératives correctes ou incorrectes du point de vue de l'ordre des mots. L'enfant devait les juger soit « bonnes » soit « fausses » (« wrong ») et proposer une version améliorée. Au cours d'une seconde session expérimentale, les enfants se virent proposer des énoncés dénués de sens comme « Tickle the table » (« Chatouille la table ») ou « Drink the chair » (« Bois le fauteuil ») avec prière de les évaluer et de les corriger éventuellement. Les résultats de ce travail peuvent se résumer de la façon suivante : (a) Les enfants les moins avancés sur le plan du développement du langage productif (évalué à l'aide d'un indice de longueur moyenne de production verbale calculé sur un échantillon de langage spontané obtenu de chaque enfant indépendamment de l'expérience métalinguistique) ne purent distinguer entre les énoncés impératifs corrects et incorrects selon l'ordre des mots. Ils ne purent non plus suggérer des corrections à l'invitation de l'expérimentateur. (b) A un niveau de développement langagier plus avancé, les enfants purent identifier les impératives incorrectes du point de vue de l'ordre des mots mais ne purent formuler aucune correction. Ils purent par contre suggérer des corrections (sémantiques) pour les énoncés vides de sens. (c) A un niveau de langage plus évolué encore, les enfants se montrèrent capables de proposer des corrections pour les énoncés incorrects mais à l'instar des sujets de Gleitman et al. les corrections proposées furent surtout de nature sémantique (par exemple, « house a build » transformé en « live in a house » — « vivre dans une maison »). (d) Enfin, c'est seulement à un niveau de développement du langage correspondant à un LMPV de 4.0 — vers 3 ans environ — que les enfants purent proposer des corrections impliquant la remise en ordre correct des mots composant les énoncés impératifs renversés.

Dans une étude ultérieure, De Villiers et De Villiers (1974) ont proposé la même situation expérimentale et la même tâche métalinguistique à 12 enfants âgés de 4 ans. Comme prévu, tous les enfants purent identifier les impératives correctes et les énoncés renversés. Cependant, 3 enfants présentèrent encore davantage de corrections sémantiques que de corrections portant sur l'ordre des mots des énoncés impératifs. Les auteurs proposèrent également à leurs sujets une épreuve de compréhension de phrases passives renversables (impliquant l'exécution des instructions verbales données par l'expérimentateur avec un matériel de jeu) — par exemple, « Le garçon est poussé par la fille »). La corrélation entre le pourcentage de corrections proposées quant à l'ordre des mots des énoncés impératifs et le score obtenu à l'épreuve de compréhension atteint +.77. Cette corrélation présente un intérêt certain puisque la compréhension des phrases passives renversables implique la « manipulation mentale » de l'ordre des mots de la phrase. L'agent est en effet le dernier mot à être exprimé dans la phrase passive. C'est à une tâche du même ordre que l'enfant est confronté lorsqu'il doit corriger l'ordre des mots dans un énoncé impératif renversé. Comme on l'a indiqué à de multiples reprises dans le présent ouvrage, la prise de conscience métalinguistique émerge plusieurs mois et parfois plusieurs années après que l'enfant ait commencé à utiliser systématiquement les règles en question dans son discours spontané et dans son activité de compréhension des énoncés produits par autrui. Les études de Gleitman et al. (1972) et de De Villiers et De Villiers

(1972, 1974) confirment également le fait relevé à plusieurs reprises dans le présent ouvrage à savoir la relative « hétérogénéité » des différentes composantes du système linguistique au point de vue de l'émergence de la prise de conscience métalinguistique. Le domaine sémantique fait l'objet des centrages réflexifs (spontanés ou provoqués) de l'enfant bien avant le composant syntaxique.

Nous terminons cette brève revue des recherches disponibles sur l'émergence d'un sens de la correction grammaticale des énoncés chez l'enfant, avec une recherche récente de Valian et Stojak Caplan (1979). Ces auteurs ont demandé à des enfants âgés de 6, 8 et 10 ans de répéter des phrases (grammaticales) lues par un premier expérimentateur. La moitié des phrases étaient *claires* du point de vue syntaxique (par exemple, « The games that he bought were fun » — « Les jeux qu'il a acheté sont amusants »). L'autre moitié étaient un peu moins claires du même point de vue, c'est-à-dire qu'elles étaient plus complexes à décoder sur le plan syntaxique mais sémantiquement équivalentes (par exemple, « The games he bought were fun »). Un second expérimentateur assis à l'autre extrémité de la pièce disait « Quoi ? » après chaque phrase répétée par l'enfant. L'analyse a porté sur les modifications apportées spontanément par les enfants aux énoncés en réponse à la requête en clarification introduite par le second expérimentateur. La tendance générale observée aux différents âges est la répétition soit complète soit partielle des énoncés « clairs » en réponse à la requête en clarification exprimée par le second expérimentateur. Entre 80 et 90 % environ des énoncés « clairs » sont ainsi répétés. En ce qui concerne les énoncés « moins clairs », environ 15 % sont modifiés à 6 ans pour 25 % à 10 ans, la différence étant statistiquement significative. Les modifications introduites consistent dans la moitié des cas en une transformation des phrases « moins claires » en leurs équivalents « clairs » par l'adjonction soit du pronom relatif (cfr l'exemple ci-dessus), soit par l'adjonction ou la modification de certains éléments morpho-syntaxiques (par exemple, la transformation d'une phrase passive en l'active correspondante: « Carrol was called a little brat by her brother » — « Carrol fut appelée un petit bébé par son frère » — transformé en « Her brother called Carrol a little brat » — « Son frère appela Carrol un petit bébé »). Dans l'autre moitié des cas, différents changements morphologiques, syntaxiques ou sémantiques furent introduits dans les énoncés moins clairs. On constate également une augmentation avec l'âge de la modification des énoncés « clairs » suivant la requête en clarification du 2e expérimentateur (de 5 % à 6 ans à 13 % en moyenne à 10 ans), ce qui traduit sans doute une plus grande conformité des enfants plus âgés aux contraintes pragmatiques de la situation expérimentale et notamment à la requête en clarification exprimée par le second interlocuteur, requête portant aussi bien sur les énoncés définis a priori comme « clairs » que sur ceux définis comme « moins clairs ».

En conclusion, la littérature disponible illustre la relative *précocité* chez l'enfant d'une certaine capacité d'évaluer la dimension sémantique et l'enveloppe formelle des énoncés, notamment en ce qui concerne les marquages morphologiques aux niveaux des formes verbales irrégulières et l'ordre des mots dans les énoncés impératifs. Le jeune enfant n'est cependant pas capable généralement de proposer des corrections de façon à remédier aux séquences incorrectes selon l'ordre des mots qu'on peut lui proposer. Lorsqu'on peut le faire, c'est d'abord au plan sémantique qu'il restreint ses suggestions en matière de correction. Ce n'est que plus tard et graduellement qu'il en vient à proposer des corrections qui portent sur la composante syntaxique. Les données revues sont peu nombreuses et de multiples aspects du fonctionnement langagier de l'enfant restent à investiguer dans la perspective des jugements d'acceptabilité. Elles sont cependant cohérentes avec celles obtenues dans d'autres contextes théoriques et empiriques qui sont présentées et discutées ailleurs dans l'ouvrage.

Chapitre VI
Le développement de la métaphore et des compétences narratives

1. Qu'est-ce qu'une métaphore?

Une métaphore linguistique consiste en l'application d'un mot ou d'une expression qui appartient normalement à un contexte pour exprimer une signification dans un contexte différent en raison d'une analogie réelle ou supposée dans la référence (Anderson, 1964).

Considérez l'exemple suivant, qui a fait l'objet d'une campagne publicitaire en matière de carburant automobile dans un passé récent, «*Mettez un tigre dans votre moteur!*». Une phrase de ce type prise littéralement, c'est-à-dire en s'en tenant au sens dénotatif habituel, est anormale sur le plan sémantique. Cependant, elle peut être comprise facilement par la plus grande partie des sujets adultes francophones. L'interprétation porte alors non sur le sens littéral des mots et de l'énoncé considéré dans son ensemble mais sur leur *sens figuratif ou symbolique*. Le propre d'un symbole est de re-présenter autre chose que lui-même en vertu d'une correspondance analogique, l'analogie pouvant se situer à différents niveaux (perceptuel, conceptuel). Dans l'exemple fournit ci-dessus, le mot « tigre » figure en lieu et place d'une marque d'essence bien connue. La métaphore correspond donc à l'assertion suivante : « L'essence X est comme un tigre que vous mettriez dans votre moteur », c'est-à-dire elle est puissante, nerveuse, agressive et permet une détente rapide à votre voiture. Selon la terminologie proposée par Richards (1936) on dit que le premier terme (l'essence, dans ce cas) est le *topique* de la métaphore, le second terme (le tigre) en est le *véhicule*.

La compréhension d'une métaphore exige du sujet qu'il cherche au-delà des significations conventionnelles une signification symbolique qui puisse s'accorder avec le reste de l'énoncé, le contexte extralinguistique et qui soit compatible avec l'objectif d'ordre stylistique qu'il faut prêter au locuteur en seconde analyse lorsque l'analyse littérale n'a rien donné. La production des métaphores implique l'oblitération complète ou partielle du sens conventionnel de l'expression et son remplacement par une signification figurée. La créativité linguistique qui intervient dans la production et dans la compréhension des métaphores n'a pas échappé aux spécialistes à commencer par Aristote. Le philosophe grec lui accorde un rôle important dans la démarche poétique et rhétorique. Plus près de nous, Rumelhart (1979) attribue à la métaphore un rôle particulier dans l'acquisition du langage. Une partie importante du développement lexical consiste pour l'enfant à appliquer des étiquettes verbales connues à des objets, situations et événements nouveaux ou à des caractéristiques nouvelles de ces objets, situations et événements. Dans certains cas, ces généralisations sont correctes, c'est-à-dire qu'elles correspondent aux usages conventionnels dans la langue. On dit que l'enfant a appris quelque chose sur le plan du langage. Dans d'autres cas, les généralisations faites ne correspondent pas aux usages conventionnels et l'enfant est crédité d'une erreur, erreur qu'on s'efforcera ensuite de corriger. On pourrait considérer avec Rumelhart (1979) que dans la seconde branche de l'alternative, l'enfant a créé une nouvelle métaphore. Dans cette perspective, la métaphore ne peut être considérée comme une particularité linguistique exigeant une explication spécifique. Il faut y voir un processus essentiel de l'acquisition du langage et donc un phénomène linguistique commun. Nous sommes d'accord pour l'essentiel avec la position de Rumelhart dans la mesure où elle concerne ce qu'on pourrait appeler le comportement métaphorique inconscient. Le présent chapitre envisage plus particulièrement l'activité métaphorique consciente de l'enfant ou celle qu'on peut considérer comme telle. Ce type d'activité métaphorique fait l'objet d'un développement qui concerne le volet réceptif et le volet productif. Nous envisageons ces développements dans les pages qui suivent.

Au préalable, il convient de préciser la notion de créativité linguistique telle qu'elle a été utilisée ci-dessus à propos de la métaphore. On peut sans doute reconnaître à l'activité de compréhension d'une métaphore un caractère de créativité linguistique, au sens où il s'agit pour le récepteur d'aller au-delà du sens conventionnel de l'expression à la recherche d'un sens figuré qui puisse convenir. Encore qu'il faille distinguer des degrés de créativité dans cette démarche. La créativité impliquée dans la compréhension d'une métaphore souvent entendue (et illustrée graphiquement sur les panneaux publicitaires, comme dans le cas de l'énoncé «Mettez un tigre dans votre moteur») est plus faible — et peut être nulle — que dans les cas où il s'agit de comprendre une nouvelle métaphore. En ce qui concerne le volet production, seule la création métaphorique originelle est vraiment créative, sa réutilisation par la même personne ou par une autre personne n'implique plus la même créativité et peut en fait n'impliquer aucune démarche créative, la signification figurée originale étant devenue conventionnelle.

Il n'existe à l'heure actuelle aucune explication généralement admise de la métaphore et du comportement métaphorique. Le problème est très complexe et se présente sous un éclairage différent selon qu'on envisage les aspects linguistiques ou psychologiques de l'activité métaphorique et à l'intérieur des premiers les sous-aspects sémantiques et pragmatiques de cette activité. Le lecteur s'en convaincra aisément en lisant l'imposant ouvrage collectif sur «Metaphor and thought», récemment publié sous la direction d'Andrew Ortony (1979). Cet ouvrage examine en détail les multiples facettes du problème sans pouvoir en dégager une vue synthétique et unitaire malgré la qualité des contributions.

2. Le développement de la compréhension des métaphores

Il existe un petit nombre d'études empiriques sur le développement de la compréhension des métaphores chez l'enfant (Gardner, 1974; Gardner, Kircher, Winner et Perkins, 1975; Gardner et Winner, 1979; Winner, Rosentiel et Gardner, 1976; Winner, Engel et Gardner, 1980; Billow, 1975; Smith, 1976; Pollio et Pollio, 1979).

Sur la base de ces études, on peut distinguer quatre étapes dans ce développement. Il s'agit successivement: (1) de la compréhension magique des métaphores, (2) de la compréhension métonymique des métaphores, (3) de la compréhension métaphorique primitive et (4) de la compréhension métaphorique proprement dite. Entre approximativement 5 et 7 ans, le jeune enfant, mis en présence d'un énoncé métaphorique (psychologique) du type « Après de nombreuses années passées à travailler à la prison, le gardien était devenu dur comme du roc » (un exemple utilisé par Gardner et Winner, 1979), propose souvent une interprétation « magique » invoquant l'action d'une « force supérieure ». Par exemple, « Dieu est descendu sur terre et a transformé le cœur du gardien en une pierre » ou encore « C'est une fée qui lui a jeté un mauvais sort et a transformé son cœur en une pierre ». La démarche est la suivante : le sens littéral de la phrase est conservé dans la paraphrase fournie par l'enfant. L'incongruité de l'expression littérale est éliminée en faisant appel à un monde magique où les lois du monde naturel ne s'appliquent pas. Dans un second stade, entre 6 et 8 ans approximativement la métaphore proposée est souvent paraphrasée par l'enfant d'une façon telle que le topique et le véhicule (par exemple, le « gardien » et le « roc ») peuvent être tous deux interprétés littéralement. La plausibilité de l'énoncé est sauvegardée en transformant la relation d'identité qui unit les deux termes (gardien-roc) en une relation de contiguïté (par exemple, « Le gardien travaillait dans une prison qui avait d'épais murs de pierre », ou encore en présence de la métaphore suivante « L'odeur du parfum de ma mère était un soleil radieux », l'interprétation « Lorsqu'elle se tenait debout dans le soleil brillant, elle portait un parfum dans ses cheveux ». Ce type d'interprétation qui linéarise une relation substitutive est appelé « métonymique » par Winner et al. (1976). Vers 8 et 9 ans, on obtient des interprétations dites métaphoriques primitives, témoignant du fait que l'enfant a saisi superficiellement l'expression d'une relation de comparaison entre le topique et le véhicule. Mais il ne peut encore l'approfondir. De ce fait, la paraphrase fournie se centre souvent sur une caractéristique mineure du topique et elle interprète le véhicule dans un sens littéral (par exemple, « Le gardien avait des muscles puissants et durs » — comme le roc —; « Le parfum de ma mère était d'une couleur jaune brillante comme la couleur du soleil »). Plus tard, vers 10 ans, on arrive à la compréhension métaphorique proprement dite: une caractéristique essentielle du topique est prise en considération et le véhicule est pris dans un sens figuratif. Une comparaison implicite est effectuée entre le domaine psychologique et le domaine physique (« Le gardien était insensible et ne se préoccupait pas de ce que pouvaient ressentir les prisonniers »), ou entre deux modalités sensorielles (« Son parfum avait une merveilleuse odeur »), etc., selon le type de métaphore envisagé.

Les données de Winner et al. (1976) indiquent qu'à tous les âges mais particulièrement chez les jeunes enfants les métaphores intersensorielles, c'est-à-dire celles dans lesquelles on utilise une expression dont le topique concerne une modalité sensorielle et le véhicule une autre modalité sensorielle (comme dans l'exemple ci-dessus « L'odeur du parfum de ma mère était un soleil radieux »), sont comprises plus facilement que les métaphores psychologiques où le topique appartient au domaine psychologique et le véhicule au domaine physique. Les auteurs pensent que les métaphores intersensorielles sont plus faciles à comprendre, toutes choses étant égales par ailleurs, parce que les deux éléments de la relation appartiennent au domaine physique. Dans la même ligne, Pollio et Pollio (1979) observent que les métaphores qui sont « figées » dans le langage (par exemple, « Le cœur de la ville », « une tête de lit », etc.) — il s'agit des métaphores utilisées depuis longtemps sur une grande échelle et qui sont devenues des clichés en quelque sorte — sont mieux comprises que des créations linguistiques nouvelles par des enfants âgés de 9 à 13 ans.

Si la compréhension métaphorique semble être attestée vers 10 ans chez la plupart des enfants étudiés, il faut cependant signaler que leurs paraphrases des métaphores présentées peuvent souvent ne pas correspondre encore à celles qu'en feraient des adolescents ou des adultes. L'enfant avant 12 ans ou 13 ans éprouve encore de notables difficultés à évaluer avec précision et à décrire les caractéristiques psychologiques en cause dans les métaphores du type comparaison psychologique ou physique (voir cependant Cicone, Gardner et Winner, 1981). Dans la métaphore du «gardien de prison devenu dur comme du roc» (Gardner et Winner, 1978), des enfants de 9 ou 10 ans peuvent comprendre qu'il s'agit d'une comparaison portant sur la psychologie du gardien sans pouvoir cependant spécifier la relation entre l'insensibilité de la personne et celle de la pierre. Ils peuvent alors décrire le gardien comme étant «de mauvaise composition», «stupide», ou «exagérément tatillon», des descriptions qui rendent justice à la connotation négative de la métaphore mais qui passent à côté de la comparaison psychologique intentée. Ce n'est qu'à l'adolescence que les sujets peuvent paraphraser correctement la plupart des métaphores psychologiques proposées. Ces données suggèrent, comme le remarquent Gardner et Winner (1979), que les enfants ne comprennent sans doute pas grand-chose à la prose et à la poésie qu'ils lisent ou qu'on leur lit. Les poésies et la prose pour enfants écrites par les adultes abondent en effet en langage figuratif. On peut s'en convaincre facilement en consultant les classiques du genre.

Nous avons utilisé plus haut un découpage de l'évolution des enfants avec l'âge dans la compréhension des métaphores formulées en termes d'étapes développementales ou de stades. C'est une présentation un peu idéalisée (métaphorique) des choses. En effet, les différentes caractéristiques décrites de l'interprétation des métaphores coexistent en partie aux différents âges. A titre d'illustration, on citera le travail de Winner, Rosenstiel et Gardner (1976). Ces auteurs ont présenté à des enfants âgés de 6 à 14 ans deux types de tâches destinées à évaluer la compréhension des métaphores. Il s'agissait, premièrement, d'expliquer le sens d'une expression ou d'un énoncé métaphorique au moyen d'une paraphrase à construire et, deuxièmement, de choisir parmi un ensemble de paraphrases proposées celle qui paraît le mieux correspondre au sens de l'expression métaphorique. La seconde tâche libère le sujet de la nécessité de construire lui-même l'énoncé-réponse. On peut penser qu'elle est particulièrement propice à mettre en évidence les stratégies d'interprétation utilisées par les enfants jeunes. Quelle que soit la tâche, les résultats montrent que les réponses caractéristiques des deux premières étapes développementales, compréhension magique et compréhension métonymique des métaphores, sont très fréquentes chez les enfants âgés de 6 à 8 ans. Les interprétations métaphoriques proprement dites apparaissent surtout chez les enfants de 10 à 14 ans. Cependant, aux différents âges, on relève des pourcentages non négligeables d'interprétations de différents types, les indications quantitatives variant sensiblement d'une tâche à l'autre ainsi que l'illustre le tableau 2.

Tableau 2
Pourcentage des différents types d'interprétation métaphorique chez l'enfant selon l'âge et la tâche utilisée
(modifié d'après Winner, Rosentiel et Gardner, 1976)

TYPE D'INTERPRETATION

Ages (en années)	Magique	Métonymique	Métaphorique primitive	Métaphorique vraie
Explication verbale [1]				
6	12	26	27	5
6	7	12	33	30
10	2	7	28	48
14	0	2	8	79
Choix multiple				
6	20	34	25	23
8	15	20	30	34
10	5	7	17	71
14	2	0	6	92

[1] Les pourcentages ajoutés ne totalisent pas 100 dans cette rubrique en raison de la production par les enfants — surtout les plus jeunes — d'un certain nombre de réponses incomplètes ou inappropriées.

Comme on peut le constater à la lecture du Tableau 2, la situation de choix multiple détermine la production par les enfants aux différents âges d'un plus grand nombre de réponses interprétatives dites métaphoriques vraies. Dans les deux tâches, cependant, et particulièrement dans le cas des enfants les plus jeunes, les réponses sont loin d'être restreintes aux interprétations uniquement magiques ou métonymiques. De même, on observe chez les enfants de 10 ans, la production d'un nombre non négligeable d'interprétation métonymiques des métaphores proposées.

Smith (1976) s'est interrogé sur les relations qui peuvent exister entre les niveaux de compréhension métaphorique et l'évolution opératoire des enfants telle qu'elle est caractérisée dans le cadre de la théorie piagétienne. Cet auteur a présenté à un groupe d'enfants âgés de 10 à 14 ans une tâche d'interprétation d'expressions métaphoriques tirées de livres de lecture pour enfants de 9 et 10 ans. Il s'est efforcé d'analyser les réponses obtenues et de les interpréter par référence à la théorie piagétienne sans cependant faire passer aux enfants les épreuves cognitives pertinentes pour évaluer leur niveau de fonctionnement opératoire. Smith remarque que les interprétations primitives des métaphores présentent plusieurs caractéristiques d'un fonctionnement préopératoire ou opératoire concret de la pensée (égocentrisme, raisonnement transductif, c'est-à-dire raisonnement du particulier au particulier, raisonnement centré sur le réel plutôt que sur le potentiel, caractère global de l'analyse, etc.) tandis que les interprétations métaphoriques proprement dites illustrent plusieurs caractéristiques de la pensée formelle (flexibilité, compréhension du virtuel, raisonnement hypothético-déductif). L'implication principale du travail est que l'accès au mode opératoire formel du fonctionnement intellectuel est un prérequis pour une compréhension « complète » des expressions métaphoriques. Cette conclusion ne peut constituer qu'une hypothèse de travail à ce stade puisque l'étude de Smith (1976) est simplement indicative. Une telle hypothèse est plausible. Elle s'inscrit dans une ligne générale que le lecteur n'a pas manqué de relever dans le cours du présent ouvrage, à savoir l'étroite relation qui unit le développement métalinguistique et l'évolution cognitive de l'enfant.

3. Le développement de la production des métaphores

Sur le plan de la production, on a rapporté une utilisation du langage figuratif dès 3 ans (Chukovsky, 1968; Billow, 1975; Gardner, 1980; Gardner et Winner, 1981; Winner, McCarthy, Kleinman et Gardner, 1979). Comme le notent Gardner et Winner (1979), les expressions qui sortent de la bouche des jeunes enfants paraissent souvent étonnamment créatives. On rappellera ici, le point de vue et les observations de Rumelhart (1979) signalés plus haut. Piaget (1968) rapporte les paroles d'un de ses enfants âgé de 3 ans et demi observant le jeu des vagues sur une plage de sable: « C'est comme les cheveux d'une petite fille qu'on coiffe ». Et à quatre ans et demi, à propos d'une brindille pliée, « C'est comme un tuyau pour mettre de l'essence ». Chukovsky (1968) a relevé des centaines d'expressions métaphoriques chez des enfants entre 2 et 5 ans. Il rapporte le cas d'un enfant décrivant un homme chauve en disant qu'il avait « une tête pied-nu » et celui d'un autre enfant qui voyant un éléphant pour la première fois remarquait « Ce n'est pas un éléphant, c'est un masque à gaz ». Gardner et Winner (1979) rapportent avoir entendu un enfant de deux ans appeler une batte jaune de baseball un « maïs », un enfant de trois ans appeler une pomme chips pliée dans le sens de la hauteur « un chapeau de cowboy » et un feu rouge « un sucre d'orge », un enfant de quatre ans désigner une traînée laissée dans le ciel par un avion « une cicatrice dans le ciel », etc. Les données rassemblées par Billow (1975) témoignent également de la créativité linguistique des enfants d'âge préscolaire. Curieusement, selon les auteurs cités, ce type de créativité semble décliner vers 6 ou 7 ans pour réapparaître ensuite à l'adolescence.

Comme le notent encore Gardner et Winner (1979), les figures de style produites par les jeunes enfants portent exclusivement sur des comparaisons qui concernent les ressemblances physiques qu'on peut percevoir entre différents objets ou éléments. On n'y trouve pas des expressions figuratives impliquant des comparaisons portant sur des aspects psychologiques ou expressifs des personnes, objets ou événements. Néanmoins, les créations linguistiques des jeunes enfants paraissent aussi originales et brillantes que celles des adultes y compris les poètes, ce qui amène un écrivain comme Chukovsky (1968) à définir la période comprise approximativement entre deux et cinq ans comme celle du «génie littéraire».

Que penser du paradoxe suivant? Les données portant sur la compréhension des métaphores attestent des difficultés de l'enfant à effectuer les opérations nécessaires à la pleine saisie du langage métaphorique avant dix ans et plus. L'implication est certainement que l'enfant d'âge préscolaire ne dispose pas des moyens intellectuels et linguistiques pour comprendre véritablement les métaphores et le langage figuratif en général. Notre expérience personnelle va également dans le même sens. Nous avons eu maintes fois l'occasion d'observer les réactions d'étonnement et de noter dans certains cas les requêtes explicites en clarification faites par des enfants d'âge préscolaire exposés à des métaphores et autres figures de style dans le langage échangé entre adultes. Par contre, les données que nous venons de résumer sur la production des métaphores semble faire état d'une certaine capacité chez le très jeune enfant de recourir au langage figuratif.

Comment interpréter ces données apparemment contradictoires?

Le problème porte sur la nature des figures de style produites par les jeunes enfants. De telles productions tiennent-elles réellement de l'usage métaphorique? Comment le vérifier? Pour l'établir de façon assurée, il faudrait montrer, premièrement, que les jeunes enfants connaissent le champ sémantique dénotatif des éléments lexicaux impliqués dans les productions figuratives qu'on leur attribue et, deuxièmement, qu'au moment où ils produisent ce type de langage ils ont conscience de déborder le champ sémantique conventionnel. En bref, la vérification devrait porter sur les connaissances lexicales des jeunes enfants et sur leur volonté consciente de produire un langage interprétable d'une façon non littérale. Il est clair que si un enfant produit une expression en violant sans s'en rendre compte les limites d'un domaine sémantique lexical, il n'y a guère de raison de lui attribuer le mérite d'une création métaphorique. L'explication plus économique selon laquelle il ignore encore les limites exactes du champ sémantique dénotatif des mots qu'il utilise doit être préférée. Supposons dans le cas de l'enfant décrivant un homme chauve comme ayant «une tête pied-nu», qu'il confonde simplement «barefoot» (pied-nu) avec «bare» (nu, dénudé), on ne pourrait lui attribuer la création d'une expression métaphorique dès lors qu'il s'agirait simplement d'une confusion lexicale. De même, dans le cas de l'enfant qui décrit la trace laissée dans le ciel par le passage d'un avion comme une «cicatrice», il faudrait avant de parler de métaphore s'assurer que cet enfant n'entend pas le mot «scar» (cicatrice) comme référant à «toute marque linéaire apparaissant à la surface d'un objet». De tels contrôles ne sont pas faciles à mettre en œuvre. On sait en outre (cfr Clark, 1973, par exemple) que l'enrichissement du champ de signification des mots intervient très graduellement chez le jeune enfant. Pour de nombreux termes, l'enfant ne rejoint les significations conventionnellement admises chez les adultes que relativement tard.

Quelques études ont été entreprises sur ce point de façon à faire avancer les connaissances sur la question des capacités métaphoriques productives réelles de l'enfant d'âge préscolaire. Gardner et Winner (1979) ont remarqué que les éléments de langage potentiellement figuratifs chez le jeune enfant concernent exclusivement des *comparaisons physiques* et procèdent par *attribution de nouveaux noms à des objets physiques*. S'agit-il d'erreurs de nomination ou d'une violation intentionnelle des limites de certains champs sémantiques ? Une façon d'approcher le problème est d'étudier très attentivement les mots, les énoncés à plusieurs mots et les actions effectuées par les jeunes enfants au moment où ils produisent ces mots et ces énoncés. Il faut pour cela disposer de relevés détaillés sur les comportements verbaux et non verbaux des enfants selon l'axe de temps. Gardner et Winner (1979) ont utilisé des données longitudinales concernant un enfant nommé Adam, données rassemblées à l'Université Harvard par le psycholinguiste R. Brown dans les années soixante. Entre 2 et 5 ans, Adam produisit 185 expressions évaluées comme étant de véritables métaphores. En d'autres termes, on a pu s'assurer à 185 reprises que l'enfant connaissait le nom de l'objet topique et lui appliquait néanmoins un autre label en fonction d'une comparaison implicite avec un autre objet ou réalité physique. Pratiquement toutes les productions métaphoriques consistaient en nouveaux noms pour des objets habituels de son environnement. Les ressemblances qui motivaient les nouveaux noms produits ne provenaient pas, *au début*, des objets eux-mêmes mais étaient construites à partir d'une action symbolique sur l'objet en question. Par exemple, l'enfant plaçait son pied à l'intérieur d'une poubelle et appelait cette dernière une « botte » ou bien il pendait un yo-yo à sa joue et parlait de sa « barbe », etc. Le point-clé en ce qui concerne ces productions métaphoriques est que la transformation figurative opère simultanément sur les plans verbal et gestuel. Il s'agit de *« métaphores d'action »*. Celles-ci constituaient donc les premières métaphores produites par l'enfant. Apparaissent ensuite, vers 4 ans, des métaphores basées exclusivement sur les propriétés physiques des objets. Par exemple, Adam comparait les cheveux de sa mère à une forêt noire, une roue à la lettre « Q », etc. Aucune des métaphores produites par Adam à aucun moment de la période étudiée ne concernait le domaine conceptuel. Des données similaires ont été obtenues par Gardner et Winner (1979) avec deux autres enfants, à une différence près cependant. Pratiquement toutes les productions métaphoriques d'un des deux enfants étaient des métaphores d'action tandis que la plupart des métaphores produites par l'autre enfant étaient basées sur les propriétés physiques des objets. Comme les deux enfants étaient d'âges et de niveaux de développement linguistique équivalents, il est possible que les différences observées dans les métaphores produites, métaphores d'action et métaphores basées sur les propriétés physiques des objets, renvoient non pas à des sous-étapes développementales dans la production des métaphores mais à des façons différentes de traiter l'information déterminant des productions figuratives de natures différentes. Ces différences pourraient subsister jusqu'à l'âge adulte et se retrouver dans la création artistique et l'appréciation des formes d'art. Telle est, du moins, l'hypothèse émise par Gardner et Winner (1979). La question qui se pose est celle de savoir si de telles différences typologiques dans la production métaphorique et le « traitement figuratif » de l'information se retrouvent avec un plus grand nombre d'enfants, étalés sur un plus grand intervalle d'âge. De façon à répondre à cette question et à quelques autres, comme celle de savoir si la production métaphorique est favorisée chez le jeune enfant par l'utilisation d'objets conventionnels aux noms bien connus (tasse, crayon, ballon, etc.) ou par l'utilisation d'objets moins faciles à définir et à nommer (comme des blocs de bois, des formes abstraites, etc.), Gardner, Winner et McCarthy (résumé dans Gardner et Winner, 1979) ont imaginé la tâche suivante. Il s'agissait pour l'enfant et l'expérimentateur d'attribuer chacun à son tour un nom fictif à des objets de tout acabit tels que des fleurs en plastic et des ustensiles de cuisine. Les résultats de cette recherche menée avec 77 enfants d'âge préscolaire confirment en gros ceux des études longitudinales précédentes. La plupart des enfants de trois ans et pratiquement tous les enfants de quatre ans peuvent produire des appellations métaphoriques pour les objets. Ces métaphores sont basées principalement sur l'apparence physique et notamment sur la forme des objets. Il semble donc qu'une *capacité métaphorique* productive existe chez le jeune enfant. Cependant, cette capacité est limitée à certains types de métaphores seulement.

Qu'en-est-il du déclin de cette capacité signalé à l'âge scolaire?

Il semble selon les données présentées par Gardner et Winner (1979) et par Winner, McCarthy, Kleinman et Gardner (1979) qu'il s'agisse d'un déclin réel. A l'âge scolaire, peu de métaphores sont produites et lorsqu'on leur en propose, les enfants tendent à les rejeter. On notera cependant que les enfants de ces âges sont toujours capables de produire des métaphores si on les incite à le faire. Le déclin dans l'activité métaphorique spontanée témoigne sans doute de l'intervention de deux facteurs. *Premièrement*, l'enfant d'âge scolaire a acquis un vocabulaire important. Il dispose de ressources plus fournies dans lesquelles il puise les éléments nécessaires pour une description littérale des objets, personnes, situations et événements de son environnement. Le besoin d'élargir les limites des champs sémantiques connus pour accommoder de nouvelles réalités référentielles est dès lors moins impérieux. *Deuxièmement*, les enfants d'âge scolaire sont beaucoup plus sensibles aux règles sociales et aux conventions collectives que leurs cadets. Une telle attitude engendre probablement un certain formalisme qui va à l'encontre de l'utilisation figurative spontanée du langage.

En *conclusion*, il semble qu'il faille distinguer assez nettement chez l'enfant entre la capacité de produire et de comprendre des métaphores. Sur le plan de la *compréhension des métaphores,* il ne paraît guère exister de véritable saisie de l'analogie sur laquelle est basée la métaphore particulièrement lorsqu'il s'agit de comparaisons mettant en jeu certains attributs psychologiques, avant 10 ans environ. Sur le plan de la *production*, il semble qu'on puisse attribuer aux enfants de 4 ans la création de productions répondant aux règles de base de l'expression métaphorique. Les métaphores produites à ce stade ne concernent cependant que des comparaisons portant sur les *caractéristiques physiques des objets*. On n'y trouve pas d'analogies portant sur le domaine conceptuel ou psychologique. Dès lors, le paradoxe apparent peut être résolu au moins en partie, si on admet qu'il porte surtout sur le *type* de métaphores produites et comprises par l'enfant. Des métaphores de type « physique » sont produites par les enfants d'âge préscolaire. Ils peuvent les comprendre également, au moins dans une certaine mesure, et notamment dans une tâche de choix multiple où ils n'ont pas à construire l'énoncé réponse mais simplement à le choisir parmi plusieurs alternatives. C'est avec les métaphores de type psychologique ou conceptuel (abstraites) que les enfants ont le plus de difficultés sur le plan de la compréhension. Ils ne les produisent pas avant un âge plus avancé. Même à 10 ans, certaines métaphores psychologiques présentées par l'adulte font encore problème comme on l'a vu plus haut. La compréhension des métaphores psychologiques et conceptuelles poursuit son élaboration pendant les années d'adolescence.

4. Comprendre et raconter des histoires

L'expression métaphorique illustre l'*usage paradigmatique* du langage (Jakobson et Halle, 1956). Dans ce type d'usage, des termes qui appartiennent à la même catégorie grammaticale peuvent survenir au même endroit dans la chaîne du discours. Considérons les exemples suivants :
1. Jacques est un homme.
2. Jacques est un ours.
3. La maison de Jacques se trouve au coin d'un bois.
4. La voiture de Jacques se trouve au coin d'un bois.

Le terme « ours » est substitué paradigmatiquement au terme « homme » dans l'énoncé 2 par rapport à l'énoncé 1. Le terme « voiture » est substitué au terme « maison » dans l'énoncé 4 par rapport à l'énoncé 3. A condition que « Jacques » ne soit pas effectivement le nom d'un ours, l'énoncé 2 est métaphorique. Il compare l'individu « Jacques » à un ours suggérant de cette façon que le comportement habituel de Jacques est brutal et peu maniéré. Si la métaphore tient de la substitution selon l'axe paradigmatique du langage, il est d'autres formes figuratives d'expression qui reposent sur un usage contrastif selon l'*axe syntagmatique* du discours. Tel est le cas de la métonymie. L'exemple ci-dessous illustre un usage métonymique du langage.

- Les gens de robes ont la réputation d'être conservateurs.

L'expression métonymique «les gens de robes» condense un énoncé du type «Les juges ... sont des gens qui portent la robe». Dans le cas de la métonymie, il y a juxtaposition de termes appartenant à des catégories grammaticales différentes. Le récit procède également par juxtaposition de termes appartenant à des catégories grammaticales différentes. *Qu'en est-il de la capacité des enfants à raconter et à créer des histoires?*

Peu de domaines ont autant d'importance pour les enfants que les histoires. De nombreuses informations et pratiques culturelles sont transmises de génération en génération par le moyen des histoires narrées aux enfants. L'histoire et la géographie, parmi les matières scolaires, sont enseignées sur un mode narratif pendant une bonne partie de l'école primaire. On pourrait citer de nombreux autres exemples attestant de l'importance de l'activité narrative pour les enfants et les humains en général. Malgré son intérêt intrinsèque l'activité narrative reste un sujet qui n'a fait l'objet que de peu de recherches psychologiques systématiques.

Comme pour le comportement métaphorique, on peut distinguer une série de niveaux de compétence narrative. L'enfant de 3 ou 4 ans peut, en général, si on le lui demande, produire quelques phrases commençant parfois par «Il était une fois» et se terminant par «C'est fini!». A ces âges, les enfants sont également capables de distinguer les «histoires» des «non-histoires» (Leondar, 1977). Cependant, la pleine capacité de raconter une histoire complète et acceptable par l'interlocuteur n'est mise en place que beaucoup plus tard; en fait pas avant l'adolescence. La compréhension des histoires racontées peut également intervenir à une variété de niveaux depuis la saisie d'une allusion jusqu'à la reconstruction complète de la trame d'un récit.

Avant d'envisager les principales directions de la recherche développementale dans ce domaine, il faut fournir une définition au moins minimale du récit. Comme pour la métaphore, l'accord est loin d'être fait dans la littérature sur la définition du récit. Sans s'engager trop loin dans un débat de cette sorte, on peut dire qu'au minimum un récit met en jeu un personnage, un contexte, un problème auquel devra faire face le personnage, ses efforts pour résoudre ou éliminer le problème et le résultat final. Un autre élément doit être pris en considération. Pour comprendre une histoire et *a fortiori* pour la créer et la raconter, il est nécessaire de disposer d'un certain nombre de connaissances — acquises de première main ou de façon indirecte — sur les personnes, les choses et les événements mentionnés. On ne peut comprendre une histoire qui concerne les cow-boys de l'Ouest américain sans un minimum de connaissance sur ce qu'ils sont (ou ce qu'ils étaient) et sur la manière dont ils vivent (vivaient). D'une manière simplifiée, on peut considérer que la «structure canonique» du récit comporte les catégories suivantes (Denhière et Langevin, 1981):

1. Une *exposition* qui comporte la description des agents, de leurs caractéristiques, du lieu, du temps et de la situation initiale.
2. Une *complication*, ou nœud de l'intrigue, qui spécifie un ou plusieurs événements en référence à la situation initiale.

3. Une *résolution* ou dénouement de l'intrigue qui rapporte les actions subséquentes des agents aux événements intervenus et les effets de ces actions.
4. Une *évaluation* : le dénouement peut être suivi d'une évaluation qui précise les réactions du narrateur.
5. Une *morale* : cette catégorie est optionnelle comme la précédente.

On peut identifier différentes directions de recherche dans les travaux sur les histoires enfantines. *Une première orientation* est descriptive (par exemple, Ames, 1966; Pitcher et Prelinger, 1963). Dans ces recherches, les auteurs ont relevé une série de caractéristiques quantitatives des histoires racontées par les enfants. On a précisé par exemple, leur longueur moyenne, les thèmes récurrents, le nombre de personnages impliqués et leur principaux traits physiques et psychologiques. Il existe un *second courant de recherche* qui a étudié les histoires racontées dans leur relation avec la personnalité et les motivations des enfants (par exemple, Gould, 1972; Greenacre, 1959). *Une troisième ligne de recherche* a envisagé les histoires enfantines dans le cadre général du développement intellectuel, qu'il s'agisse de l'orientation piagétienne (Piaget, 1956) ou des préoccupations relatives au développement moral (Kohlberg, 1969). Malgré leur intérêt intrinsèque sur les plans clinique et intellectuel, ces recherches n'ont apporté que peu d'informations pertinentes pour expliquer la construction narrative et la compréhension des histoires chez l'enfant. Ce n'est que dans la dernière décennie que les chercheurs se sont centrés plus spécifiquement sur ces questions. On relève à l'heure actuelle un début de littérature sur le sujet (notamment, John, Horner et Berney, 1970; Maranda et Maranda, 1970; Gardner, 1973; Leondar, 1977; Abrams et Sutton-Smith, 1977; Botvin et Sutton-Smith, 1977). Basé sur des analyses de nombreuses histoires enfantines, ces auteurs ont proposé plusieurs étapes développementales de façon à rendre compte des différences, observées avec l'âge, dans la compréhension et la production des histoires. On passe graduellement d'un niveau «primitif», où situation initiale et situation finale sont simplement posées sans tentative de fournir une trame de façon à passer de l'une à l'autre, à un niveau «supérieur» où la trame narrative est fournie avec une certaine élaboration. La difficulté avec ce type d'approche est qu'on peut pratiquement distinguer autant de stades et de sous-stades développementaux qu'il y a d'analyses et d'analyseurs.

Une orientation différente se retrouve dans d'autres travaux, comme ceux de Rumelhart (1975), Mandler et Johnson (1977) et Thorndyke (1977). Ces auteurs ont proposé des schémas formels, sortes de «grammaires» des récits, inspirées des principes de la grammaire transformationnelle. Les buts des grammaires de récit est le même que celui des grammaires de phrases. Il s'agit de développer des systèmes de règles censés capturer la compétence d'un narrateur-récepteur idéal. Denhière et Langevin (1981) préfèrent mettre l'accent sur les régulations sociales, par exemple les renforcements, qui favorisent la production de récits structurés selon les catégories canoniques reprises plus haut. On ne nie pas que les principes de l'organisation cognitive qui sous-tendent la production et la compréhension des récits soient semblables pour les différents individus mais on insiste sur le caractère social du contrôle exercé par autrui sur ces activités (cfr Denhière et Le Ny, 1980).

Développementalement, on peut montrer que vers 7-8 ans, les enfants disposent d'une sorte de schéma élémentaire (Stein et Glenn, 1977). Il est alors possible de vérifier la robustesse de ces schémas en manipulant les épisodes proposés, en en supprimant certains de façon à voir dans quelle mesure l'enfant est capable de réarranger le récit correctement. Dans la plupart des cas, le jeune enfant ne peut apprécier que l'incidence d'événements du monde physique sur le comportement des personnages de l'histoire. Ce n'est que progressivement que des variables psychologiques comme la motivation des personnages ou les plans et objectifs qu'ils se donnent entrent en ligne de compte dans la construction et la compréhension du récit. On retrouve ici une tendance développementale qui correspond à celle qui a été dégagée précédemment pour la production et la compréhension des métaphores et du langage figuratif, en général. Denhière (1979) et Denhière et Langevin (1981) rapportent des données qui font état d'un clivage assez marqué entre enfants de 6 à 8 ans et enfants de 9 ans et plus dans l'habileté à comprendre, à mémoriser et à rappeler librement un récit présenté par l'expérimentateur. Bien que la majorité des enfants de 8 ans peuvent fournir un résumé qui correspond grosso modo à la structure canonique du récit, c'est surtout à partir de 9 ans que les informations les plus importantes sont présentes dans ce rappel après une seule lecture par l'expérimentateur. Denhière (1978) a tenté d'évaluer l'importance relative accordée par ses sujets aux différentes informations présentées dans les récits et de mettre en rapport l'évaluation ainsi faite avec la performance au rappel et les informations rappelées. Il observe que les enfants de 11 ans, ainsi que les sujets adultes, tendent à rappeler en priorité les unités de signification qu'ils ont jugés les plus importantes. Tel n'est pas le cas des enfants plus jeunes. Ceux-ci ne rappellent pas en priorité les unités de signification qu'ils ont jugés les plus importantes mais bien celles que les adultes et les enfants plus âgés jugent les plus importantes. Ainsi, ces jeunes enfants opèrent dans la tâche du rappel conformément aux critères adultes alors qu'ils en jugent autrement lorsqu'on leur demande une évaluation explicite. Une fois de plus, on assiste à une dissociation chez le jeune enfant entre le plan de la performance (ici la compréhension, la mémorisation et le rappel libre d'un récit) et le plan de la réflexion consciente et la justification de certains critères (ici l'évaluation de l'importance relative des informations contenues dans le récit).

Les approches reprises ci-dessus bien qu'éclairantes sont encore préliminaires. Elles sont aussi incomplètes au sens ou plusieurs aspects de la conduite de construction et de compréhension de récit n'ont pas été pris en considération. Deux points en particulier n'ont pas reçu une attention suffisante (Gardner, 1980). *Premièrement*, les différences individuelles n'ont pas été prises en considération. Il est probable que la capacité de construire et de comprendre des histoires varie d'un enfant à l'autre même à niveau développemental comparable. Denhière et Langevin (1981) ont étudié la compréhension, la mémorisation et le rappel de récit chez des enfants handicapés mentaux légers âgés de 13 à 15 ans par comparaison avec des enfants normaux âgés de 9 à 11 ans. Ces auteurs n'observent pas d'évolution dans les performances de 13 à 15 ans chez les déficient mentaux mais bien chez les enfants normaux entre 9 et 11 ans. L'amélioration des performances au rappel, consécutive à une seconde lecture de l'histoire par l'expérimentateur, est plus importante chez les enfants normaux que chez les déficients. Ceux-ci rappellent un ensemble de propositions qui permet de reconstituer une trame acceptable du récit. On peut donc considérer qu'ils peuvent développer et rappeler un schéma général approprié du récit. Les différences essentielles au rappel entre enfants handicapés mentaux et enfants déficients résident dans la nature des variations lexicales et des propositions ajoutées au récit. La distance sémantique entre les mots originaux et ceux rappelés tend à être plus grande pour les enfants handicapés mentaux que pour les enfants normaux. Les premiers fournissent également plus d'informations sans rapport avec le récit original que les seconds.

Deuxièmement, le médium par l'intermédiaire duquel l'histoire est présenté et/ou rappelée — médium verbal ou iconique — n'est certainement pas sans influencer la capacité narrative. Cet aspect n'a été que peu étudié.

Il faut signaler à ce propos le travail de Langevin (1981), résumé dans Denhière et Langevin (1981). Cet auteur présente à des enfants normaux âgés de 7 ans et à des adolescents handicapés mentaux modérés et légers âgés de 13 à 17 ans, appariés pour l'âge mental, des récits identiques du point de vue des contenus sémantiques mais présentés soit sous forme verbale, soit sous forme dessinée en s'efforçant d'établir entre les deux versions une correspondance aussi étroite que possible. A ces deux modes de présentation des récits, on a fait correspondre deux modalités de rappel: verbale et figurale. Dans ce dernier cas, le sujet construisait son récit au moyen d'objets concrets et le commentait ensuite verbalement. Les résultats indiquent que la modalité figurale conduit à de meilleures performances que la modalité verbale (surtout au niveau de la présentation) et ceci est vrai tant pour les enfants normaux que pour les adolescents handicapés mentaux. Les premiers obtiennent cependant des résultats nettement supérieurs aux seconds et ce avec les deux modes de présentation et de rappel utilisés. De notables différences sont observées entre les enfants normaux et les adolescents déficients mentaux au bénéfice des premiers. Les sujets handicapés présentent souvent des rappels très incomplets du récit qui ne permettent pas d'en reconstituer la trame. Les résultats obtenus par les handicapés dans cette étude contrastent donc avec ceux rapportés plus haut (Denhière et Langevin, 1981). Les sujets handicapés de cette dernière étude se situaient à des niveaux de quotient intellectuel supérieur de 20 points en moyenne à ceux de la présente étude. Ceci pouvant expliquer cela.

Les données de Langevin combinées avec celles encore trop rares de quelques autres chercheurs, comme Denis (1971) et Bagett (1979), sur la supériorité du film par rapport au texte correspondant chez l'enfant et chez l'adulte au niveau du rappel libre, suggèrent une supériorité de la présentation figurale comparée à la présentation verbale des récits.

Conclusion

Le domaine d'étude délimité dans le présent ouvrage est neuf pour l'essentiel. Son exploration qui reste encore préliminaire en bien des points ne remonte pas à plus de quelques années. Notre principal objectif en rédigeant cet ouvrage était de résumer la littérature sur le sujet tout en clarifiant un certain nombre de points à commencer par celui de la définition du champ de la métalinguistique et notamment du champ de la métalinguistique développementale.

Une observation générale du plus haut intérêt, issue des études revues, est la *dissociation* qui intervient chez l'enfant entre le niveau des comportements verbaux réceptifs et productifs et celui des jugements et des raisonnements effectués sur des questions de langage. Les premiers précèdent les seconds de plusieurs années. L'enfant est capable de comprendre et de produire des énoncés d'un ordre de complexité élémentaire bien avant de pouvoir juger de leur correction grammaticale et de pouvoir fournir des raisons explicites pour ses jugements. On peut multiplier les exemples. Une telle dissociation entre le niveau du réglage comportemental et celui de la prise de conscience chez l'enfant pose un problème délicat pour l'explication de l'acquisition du langage. Elle paraît impliquer soit que le jeune enfant n'a pas accès aux opérations de comparaison et d'inférence qui interviennent chez l'enfant plus âgé dans l'analyse du langage, soit que l'enfant ne peut prendre conscience de ces opérations (alors qu'il peut les exécuter inconsciemment) et les verbaliser qu'au-delà d'un certain âge et de façon graduelle. Quiconque a étudié le développement du langage chez le jeune enfant a pu observer des centaines d'exemples de jugements, comparaisons et inférences implicites effectuées par le jeune enfant. On peut poser, en fait (cfr Clark et Andersen, 1979; Nelson, 1980; Rondal, 1981, 1982), que ces activités implicites interviennent à un niveau inconscient chez le jeune enfant et constitue le fondement même de la démarche de construction du langage. Comment l'enfant pourrait-il jamais progresser sur le plan du langage s'il n'effectuait constamment une comparaison entre ses propres productions et celles que lui adresse son entourage? Il est possible que le développement métalinguistique ne soit qu'une reconstruction graduelle à un niveau conscient et volontaire d'opérations existant déjà à un niveau inconscient et involontaire chez le jeune enfant de la même façon en quelque sorte que le développement linguistique est une reconstruction à un niveau symbolique de la logique des actions et des interactions entre individus. Un beau problème en perspective pour la psycholinguistique développementale. On répètera cependant que nous préférons ne qualifier de métalinguistiques que les activités clairement réflexives dont le langage est l'objet d'analyse explicite. Ces activités amènent une utilisation du langage (langage verbal ou autre système de communication) pour parler du langage (ou de la communication en général).

Une seconde observation d'importance à relever dans le dossier constitué concerne le fait que la prise de conscience métalinguistique ne semble pas intervenir au même moment pour *les différentes composantes du système langagier*. Entre approximativement 4 et 7 ou 8 ans, avec des variations notables selon les tâches et les situations expérimentales proposées, l'enfant semble prendre conscience des dimensions prosodiques et lexicales du langage. Par exemple, si on l'interroge, il est capable d'indiquer que son propre langage adressé à un enfant plus jeune comporte des modifications prosodiques et lexicales par rapport au langage qu'il adresse habituellement à l'adulte ou à ses pairs. La dimension syntaxique du langage n'est prise en considération au niveau de la réflexion consciente que plus tard et selon un calendrier qui reste mal connu. De nombreuses recherches sont encore nécessaires pour vérifier et clarifier ces points. Les données disponibles actuellement semblent attester en tous cas de la notable hétérochronie qui existe au niveau de la prise de conscience métalinguistique entre les différentes composantes du système langagier.

Pour terminer, glissant vers d'autres considérations, on suggérera que plusieurs aspects de la réflexion métalinguistique chez l'enfant devraient être envisagés et étudiés dans une perspective plus pédagogique et par référence au contexte et aux programmes scolaires. D'une façon générale, la problématique de la métalinguistique développementale devrait entrer de plein droit dans les préoccupations des pédagogues et des programmateurs scolaires en ce qui concerne particulièrement les activités de langue maternelle et de réflexion et d'analyse sur le fonctionnement de la langue. Il est important à ce point de vue de pouvoir disposer d'une information développementale précise sur les capacités réflexives de l'enfant. Plus spécifiquement, on a relevé dans le cours de l'ouvrage les rapports étroits qui existent entre la capacité de segmenter le discours en unités phoniques et l'apprentissage de la lecture. De même, l'analyse de la valeur informative des messages et l'évolution de la capacité de l'enfant sur ce point comportent des informations de premier intérêt pour la démarche d'enseignement et la programmation scolaire. On devrait par ce biais pouvoir préciser comportementalement et cognitivement des concepts pédagogiques aussi flous que l'écoute «attentive» ou la lecture «critique». D'autres exemples sont possibles. Il faut le répéter, la plupart des activités métalinguistiques abordées dans le présent ouvrage peuvent être étudiées d'une façon qui soit directement pertinente pour les activités scolaires.

Enfin, ce qui fait peut-être le plus défaut à l'heure actuelle dans les recherches sur le développement métalinguistique, c'est une dimension interactionniste. On s'est certes interrogé sur les contextes propres à favoriser la réflexion sur le langage et la prise de conscience des caractéristiques du système de la langue et du fonctionnement langagier. Mais on n'a pas poussé l'investigation jusqu'à documenter les interactions entre adultes et enfants amenant une réflexion explicite sur le langage chez le locuteur ou chez l'interlocuteur. Comme pour l'acquisition du langage lui-même, il est probable que les parents et les éducateurs jouent un rôle particulièrement important dans l'éveil et l'intensification de la curiosité de l'enfant (à un niveau explicite) pour le langage dans ses aspects les plus divers. Des questions comme «Existe-t-il une volonté délibérée chez l'adulte d'amener l'enfant à partir d'un certain âge à réfléchir sur le langage?», «Si oui, comment s'y prennent les familiers de l'enfant pour le faire?», etc. méritent une attention particulière. En bref, l'intégration d'une perspective interactionniste (Rondal, 1981, 1982) dans l'étude du développement métalinguistique nous semble nécessaire et prometteuse.

Bibliographie

ABRAMS, D.M. et SUTTON-SMITH, B. The development of the trickster in children's narrative. *Journal of American Folklore*, 1977, *90*, 29-47.

ACKERMAN, B.P. The understanding of young children and adults, of the deictic adequacy of communications. *Journal of Experimental Child Psychology*, 1981, *31*, 256-270.

ALEGRIA, J., et MORAIS, J. Le développement de l'habileté d'analyse phonétique consciente de la parole et l'apprentissage de la lecture. *Archives de Psychologie*, 1979, *XLVII*, 251-270.

ALEGRIA, J., PIGNOT, E. et MORAIS, J. *Phonetic analysis of speech and memory codes in beginning readers* (sous presse).

AMES, L. Children's stories. *Genetic Psychology Monographs*, 1966, *23*, 337-396.

ANDERSON, C.C. The psychology of the metaphor. *Journal of Genetic Psychology*, 1964, *105*, 53-73.

ASHER, S.R. Children's ability to appraise their own and another person's communication performance. *Developmental Psychology*, 1976, *12*, 24-32.

ASHER, S.R. Referential communication. In G.J. Whitehurst & B.J. Zimmerman (eds), *The functions of language and cognition*. New York: Academic Press, 1979, pp. 175-197.

BAGGETT, P. Structuraly equivalent stories in movie and text and the effect of the medium on recall. *Journal of Verbal Learning and Verbal Behavior*, 1979, *18*, 333-356.

BATES, E. *Language and context: The acquisition of pragmatics*. New York: Academic Press, 1976.

BEARISON, D.J. & LEVEY, L.H. Children's comprehension of referential communication: Decoding ambiguous messages. *Child Development*, 1977, *48*, 715-720.

BEAUDICHON, J., SIGURDSSON, T. & TRELLES, C. Etude chez l'enfant de l'adaptation verbale à l'interlocuteur lors de la communication. *Psychologie Française*, 1978, *23*, 213-220.

BEN ZEEV, S. Mechanisms by which childhood bilingualism affects understanding of language and cognitive structures. In P. Hornby (ed.), *Bilingualism: Psychological, social and educational implications*. New York: Academic Press, 1977, pp. 29-55.

BEILIN, H. & SPONTAK, G. *Active-passive transformations and operational reversibility*. Communication faite au Biennal Meeting of the Society for Research in Child Development, Santa Monica, California, mars 1969.

BERKO-GLEASON, J. Codes switching in children's language. In T. Moore (ed.), *Cognitive development and the acquisition of language*. New York: Academic Press, 1973, pp. 159-168.

BERKO, J. & BROWN, R. Psycholinguistic research methods. In P.H. Mussen (ed.), *Handbook of research methods in child development*. New York: Wiley, 1960.

BERTHOUD-PAPANDROPOULOU, I. *La réflexion métalinguistique chez l'enfant*. Thèse de doctorat non publiée, Université de Genève, 1976.

BERTHOUD-PAPANDROPOULOU, I. An experimental study of children's ideas about language. In A. Sinclair, R.J. Jarvella et W.J.M. Levelt (eds), *The child's conception of language*. Berlin: Springer-Verlag, 1978.

BILLOW, R. A cognitive developmental study of metaphor comprehension. *Developmental Psychology*, 1975, *11*, 415-423.

BOHN, W.E. First steps in verbal expression. *Pedagogical Seminary*, 1914, *21*, 578-595.

BOLINGER, D. Judgements of grammaticality. *Lingua*, 1968, *21*, 34-40.

BOTVIN, G. & SUTTON-SMITH, B. The development of structural complexity in children's fantasy narratives. *Developmental Psychology*, 1977, *13*, 377-388.

BRAMI-MOULING, M.A. Notes sur l'adaptation de l'expression verbale de l'enfant en fonction de l'âge de son interlocuteur. *Archives de Psychologie*, 1977, *XLV*, 225-234.

BREDART, S. Un problème de métalinguistique: l'explication des échecs de communication chez l'enfant de 8 à 12 ans. *Archives de Psychologie*, 1980, *48*, 303-321.

BREDART, S. & RONDAL, J.A. L'adaptation verbale à l'interlocuteur chez l'enfant: une revue de quelques études récentes. *Enfance*, 1981, *3*, 195-206.

BRODZINSKY, D.M. Children's comprehension and appreciation of verbal jokes in relation to conceptual tempo. *Child Development*, 1977, *48*, 960-967.

BROWN, A. & SMILEY, S. S. Rating the importance of structural units of prose passages: a problem of metacognitive developement. *Child Development*, 1977, *48*, 1-8.

CALFEE, R.C. CHAPMAN, R.S. & VENEZKY, R.L. How a child needs to think to learn to read. In L.W. Gregg (ed.), *Cognition in learning and memory*, New York: Wiley, 1972, pp. 139-182.

CARR, D.B. The development of young children's capacity to judge anomalous sentences. *Journal of Child Language*, 1979, *6*, 227-241.

CHAFE, W. *Meaning and the structure of language*. Chicago: The University of Chicago Press, 1970.

CHARLIER, M. *Comment les enfants analysent des messages inadéquats.* Mémoire de Licence en Psychologie, non publié, Université de Liège, 1981.
CHOMSKY, N. *Syntactic structures.* La Haye: Mouton, 1957.
CHOMSKY, N. *Aspects of a theory of syntax.* Cambridge, Mass.: The M.I.T. Press, 1965.
CHUKOVSKY, K. *From two to five.* Berkeley, California: University of California Press, 1968.
CICONE, M., GARDNER, H. & WINNER, E. Understanding the psychology in psychological metaphores. *Journal of Child Language*, 1981, *18*, 213-216.
CIRILO, R.K. Referential coherence and text structure in story comprehension-*Journal of Verbal Learning and Verbal Behavior*, 1981, *20*, 358-367.
CLARK, E.V. Awareness of language: Some evidence from what children say and do. In A. Sinclair, R.J. Jarvella & W.J.M. Levelt (eds.)., *The child's conception of language.* Berlin: Springer, 1978, pp. 17-43.
CLARK, E.V. & ANDERSEN, E. *Spontaneous repairs: Awareness in the Process of acquiring language.* Communication faite au Biennal Meeting of the Society for Research in Child Development, San Francisco, 1979.
COSGROVE, J.M. & PATTERSON, C.J. Plans and the development of listener skills, *Developmental Psychology*, 1977, *13*, 557-564.
DENHIERE, G. *Compréhension et mémorisation de récits: étude génétique.* Université de Paris VIII, Document E.R.A. 235, 1978.
DENHIERE, G. Compréhension et rappel d'un récit par des enfants de 6 à 12 ans. *Bulletin de Psychologie*, 1979, *32*, 803-819.
DENHIERE G. & LE NY, J.F. Relative importance of meaningful units in comprehension and recall of narratives by children and adults. *Poetics*, 1980, *9*, 147-161.
DENHIERE, G. & LANGEVIN, J. La compréhension et la mémorisation de récits: aspects génétiques et comparatifs. In J.A. Rondal, J.L. Lambert et H.H. Chipman (Eds)., *Psycholinguistique et handicap mental.* Bruxelles: Mardaga, 1982.
DENIS, M. La mémoire d'un message filmique comparée à celle d'un message verbal chez des enfants d'âge scolaire. *Journal de Psychologie,* 1971, *1*, 69-87.
DE VILLIERS, P. & DE VILLIERS, J. Early judgements of semantic and syntactic acceptability by children. *Journal of Psycholinguistic Research*, 1972, *1*, 299-310.
DE VILLIERS, J. & DE VILLIERS, P. Competence and performance in child language: are children really competent to judge? *Journal of Child Language*, 1974, *1*, 11-22.
ELLIOT, D. LEGUM, S. & THOMPSON, S. *Syntactic variation as linguistic data.* Communication présentée au Fifth Regional Meeting of the Chicago Linguistic Society, Chicago, 1969.
FILLMORE, C. The case for case. In E. Bach et R. Harns (eds), *Universals in Linguistic Theory.* New York: Holt, Rinehart et Winston, 1968, pp. 1-88.
FLAVELL, J.H. Metacognitive aspects of problem solving. In B. Resnick (ed.), *The nature of intelligence.* Hillsdale, N.J.: Lawrence Erlbaum Associates, 1976.
FLAVELL, J.H. *Metacognitive development.* Communication faite au Nato

Advances Study Institute on Structural/Process Theories of complex Human Behavior, Banff, Alberta, Canada, juin 1977.
FLAVELL, J.H. *Cognitive monitoring*. Communication faite à la Conference of Children's Oral Communication Skills, University of Wisconsin, Madison, octobre 1978.
FOWLES, B., GLANZ, E. Competence and talent in verbal riddle comprehension. *Journal of Child Language*, 1977, *4*, 433-452.
FRANCIS, H. Children's experience of reading and notions of units in language. *British Journal of Educational Psychology*, 1973, *43*, 17-23.
GARDNER, H.E. Metaphors and modalities: How children project polar adjectives onto diverse domains. *Child Development*, 1974, *45*, 84-91.
GARDNER, H.E. Children's literary development: The realms of metaphors and stories. In P. McGhee et A. Chapman (ed), *Children's Humour*. New York: John Wiley and Sons, 1980, pp. 91-118.
GARDNER, H.E. & WINNER, E. The child is father to the metaphor. *Psychology Today*, 1979, mai, pp. 81-91.
GARDNER, H. *The arts and human development*. New York: Wiley, 1973.
GARDNER, H. KIRCHER, M. WINNER, E. & PERKINS, D. Children's metaphoric productions and preferences. *Journal of Child Language*, 1975, *2*, 125-141.
GARVEY, C. Play with language and speech. In C. Mitchell-Kernan & S. Ervin-Tripp (eds), *Child discourse*. New York: Academic Press, 1977, pp. 27-47.
GLASS, A.L. HOLYAK, K.J. & KOSSAN, N.E., Children's ability to detect semantic contradicitons. *Child Development*, 1977, *48*, 279-283.
GLEITMAN, L., GLEITMAN, H. & SHIPLEY, E. The emergence of the child as grammarian. *Cognition*, *1*, 137-164.
GOULD, R. Child studies throught fantany. New York: Quadrangle Books, 1972.
GREENACRE, P. Play in relation to the creative imagination. In *Psychoanalytic Study of the Child*. Vol. 14. New York: International Universities Press, 1959.
GREENBAUM, S. Informant elicitation of data on syntactic variation. *Lingua*, 1973, *31*, 201-212.
GREENBAUM, S. Contextual influence on acceptability judgements. *International Journal of Psycholinguistics*, 1976, *6*, 5-12.
GREENBAUM, S. & QUIRK, R. *Elicitation experiments in English: Linguistic studies in use and attitude*. Londres: Longman, 1970.
GRICE, H.P. Logic and conversation. In P. Cole et J.L. Morgan (eds), *Syntax and semantics* (vol. 3). New York: Seminar Press, 1975. Traduction française in *Communication*, 1979, *30*, 57-72.
GURALNICK, M. & BROWN, D. The nature of verbal interactions among handicapped and non handicapped preschool children. *Child Development*, 1977, *48*, 254-260.
HAKES, D.T. *The development of metalinguistic abilities in children*. Berlin: Springer, 1980.
HARRIS, P.L. KRUITHOF, A. MEERUM TERWOGT, M. & VISSER, T. Children's detection and awareness of textual anormaly. *Journal of Experimental Child Psychology*, 1981, *31*, 212-230.
HIGGINS, E.T. Communication development as related to channel, incentive and social class. *Genetic Psychology Monographs*, 1977, *66*, 75-141.

HIRSH-PASEK, K., GLEITMAN, L.R. & GLEITMAN, H. What does the brain say to the mind? A study of the detection and report of ambiguity by young children. In A. Sinclair, R.J. Jarvella & W.J.M. Levelt (eds), *The child's conception of language*. Berlin: Springer-Verlag, 1978, pp. 97-132.

HOLIDAY, J. Children's riddles: appreciation and recall. *Psychological Reports*, 1978, *43*, 442.

HOWE H.E., & HILLMAN, D. The acquisition of semantic restrictions in children. *Journal of Verbal Learning and Verbal Behavior*, 1973, *12*, 132-139.

IRONSMITH, M. & WHITEHURST, G.J. The development of listener abilities in communication: how children deal with ambiguous information. *Child Development*, 1978a, *49*, 348-352.

IRONSMITH, M. & WHITEHURST, G.J. How children learn to listen: the effects of modeling feedback styles on children's performance in referential communication. *Developmental Psychology*, 1978b, *14*, 546-554.

JAKOBSON, R. & HALLE, M. *Fundamentals of language*. La Haye: Mouton, 1956.

JAMES, S.L. & MILLER, J.F. Children's awareness of semantic constraints in sentences. *Child Development*, 1973, *44*, 69-76.

JERFFERSON, G. Side sequences. In D.N. Sudnow (ed.), *Studies in social interaction*. New York: Free Press, 1972.

JESPERSON, O. *Language: Its nature, development and origin*. New York: Noiton, 1964.

JOHN, V.P., HORNER, V.M. & BERNEY, T.D. Story retelling: A study of sequention speech in young children. In H. Levin et J. William (eds), *Basic studies in reading*. New York: Basic Books, 1970.

JUSCZYK, P.W. Rhymes and reasons: some aspects of the child's appreciation of poetic form. *Developmental Psychology*, 1977, *13*, 599-607.

KARABENICK, J.D. & MILLER S.A. The effects of age, sex, and listener feedback on grade school children's referential communication. *Child Development*, 1977, *48*, 678-683.

KARMILOFF-SMITH, A. *A functional approach to child language*. Cambridge: University Press, 1979.

KESSEL, F.S. The role of syntax in children's comprehension from ages six to twelve. *Monographs of the Society for Research in Child Development*, 1970, *35*, n° 139.

KREUTZER, M.A., LEONARD, C., & FLAVELL, J.H. An interview study of children's knowledge about memory. *Monographs of the Society for Research in Child Development*, 1975, *40*, n° 159.

KOHLBERG, L. Stage and sequence: the cognitive-developmental and individual difference aspects. In D. Goslin (ed.), *Handbook of socialization*. New York: Rand McNally, 1969.

LAURENDEAU, M. & PINARD, A. *Causal thinking in the child*. New York: International Universities Press, 1962.

LAKOFF, G. Presupposition and relative well formedness. In D.D. Steinberg, L.A. Jakobovits (eds), *Semantics: an interdisciplinary reader*. London: Cambridge University Press, 1971, 329-340.

LANGEVIN, J. *La mémorisation des versions verbales et figuratives de récits par des déficients mentaux et par des jeunes enfants*. Thèse de Doctorat de 3e cycle, Université de Paris VIII, 1981.

LEONDAR, B. Hatching plots: Genesis of story making. In D. Perkins et B.

Leondar (eds), *The arts and cognition*. Baltimore: Johns Hopkin University Press, 1977.

LEOPOLD, W.F. *Speech development of a bilingual child*. Evantson Ill.: Northwestern University Press, 1949.

LEVELT, W.J.M., SINCLAIR, A. & JARVELLA, R.J. Causes and functions of linguistic awareness in language acquisition: Some introductory remarks. In A. Sinclair, R.J. Jarcella et W.J.M. Levelt (eds), *The Child's conception of language*. Berlin, Springer, 1978, pp. 1-14.

LIBERMAN, I.Y. Segmentation of the spoken word and reading acquisition. *Bulletin of the Orton Society*, 1973, *23*, 65-77.

LIBERMAN, I.Y., SHANKWEILER, D., FISCHER, F.W. & CARTER, B. Reading and the awareness of linguistic segments. *Journal of Experimental Child Psychology*, 1974, *18*, 201-212.

LURIA, A.R. *The role of speech in the regulation of normal and abnormal behavior*. Londres: Pergamon Press, 1961.

MACCOBY, E.E. & BEE, H.L. Some speculations concerning the lag between perceiving and performing. *Child Development*, 1965, *36*, 367-377.

MANDLER, H.M. & JOHNSON, N.S. Remembrance of things passed: Story structure and recall. *Cognitive Psychology*, 1977, *9*, 111-151.

MARANDA, P. & MARANDA, E.L. *Structural models in folklore and transformational essays*. La Haye: Mouton, 1970.

MARATSOS, M.P. Non egocentric communication abilities in preschool children. *Child Development*, 1973, *44*, 697-701.

MARKMAN, E.M. Children's difficulty with word referent differenciation. *Child Development*, 1976, *47*, 742-749.

MARKMAN, E.M. Realizing that you don't understand: A preliminary investigation. *Child Development*, 1977, *48*, 986-992.

MARKMAN, E.M. Realizing that you don't understand: Elementary school children's awareness of inconsistencies. *Child Development*, 1979, *56*, 643-655.

MASUR, E.F. Preschool boy's speech modifications: The effects of listeners linguistic levels and conversational responsiveness. *Child Development*, 1978, *48*, 924-927.

McGHEE, P.E. *Humour: Its origin and development*. San Francisco: Freeman, 1979.

MESSER, S. Implicit phonology in children. *Journal of Verbal Learning and Verbal Behavior*, 1967, *6*, 609-613.

MITTINS, W., SALU, M. EDMINSON, M. & COYNE, S. *Attitudes to English usage*. Londres: Oxford University Press, 1970.

MOORE, T. Speeded recognition of ungrammaticality. *Journal of Verbal Learning and Verbal Behavior*, 1972, *11*, 550-559.

MOORE, T. Linguistic intuitions of twelve Year-olds. *Language and Speech* 1975, *18*, 213-216.

MORAIS, J. CARY, L. ALEGRIA, J. & BERTELSON, P. Does awareness of speech as a sequence of phones arise spontaneously? *Cognition*, 1979, *7*, 323-331.

NELSON, K.E. Toward a rare-event cognitive comparison theory of syntax acquisition. In P.S. Dale et D. Ingram (eds), *Child language: An international perspective*. Baltimore: University Park Press, 1980 (a).

ORTONY, A. (ed.) *Metaphor and thought*. New York: Cambridge University Press, 1979.

OSHERSON, D. & MARKMAN, E.M. Language and the ability to evaluate contradictions and tautologies. *Cognition*, 1975, *3*, 213-226.
PATTERSON, C.J. & MASSAD, C.M. Facilitating referential communication among children: The listener as teacher. *Journal of Experimental Child Psychology.* 1980, *29*, 357-370.
PATTERSON, C.J. MASSAD, C.M. & COSGROVE, J.M. Children's referential communication: components of plans for effective listening. *Development Psychology, 14*, 401-406.
PIAGET, J. *Le langage et la pensée chez l'enfant*. Neuchâtel: Delachaux et Niestlé, 1923.
PIAGET, J. *La causalité physique chez l'enfant*. Paris: Alcan, 1927.
PITCHER, E. et PRELINGER, E. *Children tell stories*. New York: International Universities Press, 1963.
POLLIO, M. & POLLIO, H. A test of metaphoric comprehension and some preliminary developmental data. *Journal of Child Language*, 1979, *6*, 111-120.
READ, C. Children's awareness of language, with emphasis on sound system. In A. Sinclair, R.J. Jarvella & Levelt, W.J.M., *The child's conception of language*. Berlin: Springer, 1978, pp. 65-82.
RICHARDS, I. *The philosophy of rhetoric*. Londres: Oxford University Press, 1936.
ROBINSON, E.J. & ROBINSON, W.P. The young child understanding of communication. *Developmental Psychology*, 1976, *12*, 328-333.
ROBINSON, E.J. & ROBINSON, W.P. Development in the understanding of causes of success and failure in verbal communication. *Cognition*, 1977, *5*, 363-378.
ROBINSON, E.J. & ROBINSON, W.P. The roles of egocentrism and of weakness in comparing in children's explanations of communication failure. *Journal of Experimental Child Psychology*, 1978a, *26*, 147-160.
ROBINSON, E.J. & ROBINSON, W.P. Development of understanding about communication: Message inadequacy and its role in causing communication failure. *Genetic Psychology Monographs*, 1978b, *98*, 233-279.
ROBINSON, E.J. Conversational tactics and the advancement of the child's understanding about referential communication. In W.P. Robinson (ed.), *Communication in development*. Londres: Academic Press, 1981.
ROGERS, S. Self-initiated corrections in the speech of infant-school children. *Journal of Child Language*, 1978, *5*, 365-371.
RONDAL, J.A. Maternal speech to normal and Down's syndrome children matched for mean length of utterance. In C.E. Meyers (Ed.), *Quality of life in severely and profoundly mentally retarded people: Research foundations for improvment*. Washington D.C.: American Association on Mental Deficiency, 1978, pp. 193-265.
RONDAL, J.A. On the nature of the linguistic input to language-learning children. *International Journal of Psycholinguistics*, 1981, *8*, 75-107.
RONDAL, J.A. *L'interaction adulte-enfant et la construction du langage*. Paris: Presses Universitaires de France, 1982, sous presse.
ROSNER, J. & SIMON, D.P. The auditory analysis test: An initial report. University of Pittsburgh: Learning Research and Development Center, 1971.
ROZIN, P. & GLEITMAN, L.R. The structure and acquisition of reading. 2: The reading process and the acquisition of the alphabetic principle. In A.S. Reber & D.L. Scarborough (Eds), *Toward a psychology of reading*. Wiley, 1977, pp. 55-142.

ROZIN, P. PORITSKY, S. & SOTSKY, R. American children with reading problems can easily learn to read English represented by chinese characters. *Science*, 1971, *171*, 1264-1267.

RUMELHART, D.E. Notes on a scheme for stories. In D.G. Brown & A. Collins (eds), *Representation and understanding: Studies in cognitive science*. New York: Academic Press, 1975.

RUMELHART, D.E. Some problems with the notion of literal meanings. In A. Ortony (ed.), *Metaphor and thought*. Cambridge: Cambridge University Press, 1979, pp. 78-90.

RUWET, N. *Introduction à la grammaire générative*. Paris: Plon, 1967.

SACHS, J. & DEVIN, J. Young children's use of age-appropriate speech styles in social interaction and role playing. *Journal of Child Language*, 1975, *3*, 81-98.

SACK, H.G. & BEILIN, H. *Meaning equivalence of active-passive and subject-object first cleft sentences*. Paper presented at the Developmental Psycholinguistics Conference, State University of New York at Buffalo, New York, 1971.

SAKAMOTO, T. & MAKITA, K. Japan. In J. Downing (Ed.), *Comparative reading cross-national studies of behavior and processes in reading and writing*. New York: Macmillan, 1973.

SCHOLL, D.M. & RYAN, E.B. Child judgments of sentences varying in grammatical complexity. *Journal of Experimental Child Psychology*, 1975, *20*, 174-285.

SCHWARTZ, R.G. Presuppositions and children's metalinguistic judgments: concepts of life and the awareness of animacy restrictions. *Child Development*, 1980, *51*, 364-371.

SHATZ, M. & GELMAN, R. The development of communication skills: Modifications in the speech of young children as a function of listener. *Monographs of the Society for Research in Child Development*, 1973, *38*, 5, n° 152.

SHULTZ, T. & PILON, R. Development of the ability to detect linguistic ambiguity. *Child Development*, 1973, *44*, 728-733.

SHULTZ, T.R., & ROBILLARD, J. The development of linguistic humour in children: Incongruity throught rule violation. In P.E. McGhee et A.J. Chapman (eds), *Children's humour*. New York: John Wiley, 1980, pp. 59-90.

SLAMA-CAZACU, T. The dynamic-contextual method in sociolinguistics In R. Kjolseth et Sack, F. (Eds), *Sociologie der Sprache* (Actes du 7ᵉ Congrès Mondial de Sociologie, Varna, Bulgarie). Opladen: West Deutsch Verlag, 1971, pp. 73-86.

SLOBIN, D.I. A case study of early language awareness. In A. Sinclair, R.J. Jarvella & W.J.M. Levelt, *The Child's conception fo language*. Berlin: Springer, 1978, pp. 45-54.

SMITH, J.W. Children's comprehension of metaphor: A Piagetian interpretation. *Language and Speech*, 1976, *19*, 236-243.

SMITH, N.V. *The acquisition of phonology: A case study*. Cambridge: Cambridge University Press, 1973.

SNYDER, A.D. Notes on the talk of two-and-a-half year old boy. *Pedagogical Seminary*, 1974, *21*, 412-424.

STEIN, N.L. & GLENN, C.G. *A developmental study of children's construction of stories*. Communication faite à la Society for Research in Child Development, New Orleans, mars, 1977.

SUTTON-SMITH, S. A developmental structural account of riddles. In B. Kirschenbaltt-Gimblett (ed.), *Speech play*. Philadelphia: University Press, 1976.
THORNDYKE, P.W. Cognitive structures in comprehension and memory of narrative discourse. *Cognitive Psychology*, 1977, *9*, 77-110.
UHLENBECK, E.M. Some further remarks on transformational grammar. *Lingua*, 1967, *17*, 263-316.
UHLENBECK, E.M. An appraisal of transformation theory. *Lingua*, 1963, *12*, 1-18.
VALIAN, V., & STOJAK CAPLAN, J. What children say when asked «what?»: A study of the use of syntactic knowledge. *Journal of Experimental Child Psychology*, 1978, *28*, 424-444.
VAN HEKKEN, S.M.J., VERGEER, M.M. & HARRIS, P.L. Ambiguity of reference and listeners'reaction in a naturalistic setting. *Journal of Child Language*, 1980, *7*, 555-563.
VELLUTINO, F.R. STEGER, J.A. KAMAN, M. & DE SETTO, L. Visual form perception in deficient and normal readers as a function of age and orthographic-linguistic familiarity. *Cortex*, 1975, *11*, 22-30.
VIGOTSKY, L. Throught and Language. Cambridge, Mass.: Massachusetts Institute of Technology Press, 1962 (première édition, 1934).
WEEKS, T. Speech registers in young children. *Child Development*, 1971, *42*, 1119-1131.
WELLMAN, H.M. & LEMPERS, J.D. The naturalistic communicative abilities of two-year olds. *Child Development*, 1977, *48*, 1052-1057.
WEIR, R.H. Some questions on the child's learning of phonology. In F. Smith et G.A. Miller (eds), *The genesis of language*. Cambridge, Mass.: M.I.T. Press, 1966.
WINNER, E. ENGEL, M. & GARDNER H. Misunderstanding metaphor: what's the problem? *Journal of Experimental Child Psychology*, 1980, *30*, 22-32.
WINNER, E. ROSENSTIEL, A. & GARDNER, H. The development of metaphoric understanding. *Developmental Psychology*, 1976, *12*, 289-297.
WINNER, E. Mc CARTHY, M., KLEINMAN, S. & GARDNER, H. First metaphors. In D. Wolf (ed), *Early symbolization*. San Francisco: Jossey-Bass Inc., 1979, pp. 28-41.
YAGUELLO, M. *Alice au pays du langage*. Paris: Le Seuil, 1981.
ZAKHAROVA, A.V. Acquisition of forms of grammatical ease by preschool children (1958). Traduit dans C.A. Ferguson et D.I. Slobin (eds.), *Studies of child language development*. New York: Holt, Rinehart & Winston, 1973.

Index des auteurs

Abrams, D., 121
Ackerman, B.P., 46
Alegria, J., 61, 62, 63, 64, 65
Ames, C., 121
Andersen, E., 30, 31, 32, 128
Anderson, C.C., 101
Asher, S.R., 41, 42, 44, 47
Bates, E., 83, 84
Bagett, P., 126
Bearison, D.J., 42, 46
Beaudichon, J., 24
Bee, H.L., 58
Beilin, H., 71
Ben Zeev, S., 18
Berko-Gleason, J., 22
Berney, T., 121
Bertelson, P., 64
Berthoud-Papandropoulou, I., 75
Billow, R., 104, 111
Bohn, W.E., 28
Bolinger, D., 89
Botvin, G., 121
Brami-Mouling, M.A., 25, 27
Brédart, S., 15, 27, 53
Brodzinsky, D.M., 72
Brown, A.L., 56
Brown, FD., 26
Brown, R., 58, 114

Calfee, R.C., 59
Carr, D.B., 70, 71
Carter, B., 60
Cary, L., 64
Chafe, W., 85
Chapman, R.S., 59
Charlier, M., 38
Chomsky, N., 85, 87, 88, 89, 91
Chukovsky, K., 111, 112
Cicone, M., 107
Cirillo, R.K., 121
Clark, E.V., 15, 30, 31, 32, 113, 128
Cosgrove, J.M., 39, 43, 44
Coyne, S., 89
Denhière, G., 120, 122, 124, 125
Denis, M., 126
De Villiers, J., 69, 95, 96, 97
De Villiers, P., 69, 95, 96, 97
Devin, P., 23, 25
De Setto, L., 66
Edminson, M., 89
Elliot, D., 89, 90
Engel, M., 104
Fillmore, C., 85
Fischer, F.W., 60
Flavell, J.H., 9, 10, 11, 12, 15
Fowles, B., 72
Francis, H., 61

Gardner, H., 104, 105, 107, 108, 109, 111, 112, 114, 115, 116, 121, 124
Garvey, C., 57, 68
Gelman, R., 22, 23, 25
Glanz, E., 72
Glass, A., 68
Gleitman, H., 72, 75, 95, 96, 97
Gleitman, L.R., 62, 72, 75, 98
Gould, R., 121
Greenacre, P., 121
Greenbaum, S., 89, 90
Grice, H.P., 82
Guralnick, M., 26
Hakes, D.T., 61, 71, 72
Halle, M., 118
Harris, P.L., 47, 52, 53
Higgins, E.T., 56
Hillman, D., 69
Hirsh-Pasek, K., 72, 74, 75
Holliday, J., 74
Holyak, K.J., 68
Horner, V., 121
Howe, H.E., 69
Ironsmith, M., 39, 40, 43, 44, 56
James, S.L., 68
Jakobson, R., 118
Jarvella, R.J., 15, 17
Jefferson, G., 28
Jesperson, O., 91
John, V., 121
Johnson, N., 122
Jusczyk, P.W., 59
Karnan, M., 66
Karabenick, J.D., 43
Karmiloff-Smith, A., 56
Kessel, F.S., 72, 74, 75
Kircher, M., 104
Kleinman, S., 111, 116
Kishlberg, L., 121
Kossan, N.E., 68
Kreutzer, M.A., 9
Kruithof, A., 52
Lakoff, G., 69
Langevin, J., 120, 122, 124, 125
Laurendeau, M., 70
Legum, S., 89
Lempers, J.D., 47
Le Ny, J.F., 122
Leonard, C., 9
Leondar, B., 120, 121
Leopold, W.F., 28
Levelt, W.J.M., 15, 17

Levey, L.H., 41, 46
Liberman, I.Y., 60, 61
Luria, A.R., 21
McCarthy, M., 111, 116
Maccoby, E.E., 58
McGhee, P.E., 59
Makita, K., 62
Mandler, H., 122
Maranda, P., 121
Maranda, E., 121
Maratsos, M.P., 15
Markman, E.M., 36, 38, 48, 49, 50, 51, 79, 80, 81
Massad, C.M., 39, 44
Masur, E.F., 23, 26
Meerum Terwogt, M., 52
Messer, S., 58
Miller, J.F., 68
Miller, S.A., 43
Mittins, W., 89
Moore, T., 92
Morais, J., 61, 62, 63, 64, 65
Nelson, K.E., 128
Ortony, A., 104
Osheron, D., 79, 80
Patterson, C.J., 39, 43, 44
Perkins, D., 104
Piaget, J., 21, 22, 78, 121
Pignot, E., 63
Pilon, R., 72, 74, 75
Pinard, A., 70
Pitcher, E., 121
Pollio, H., 104, 106
Pollio, M., 104, 106
Poritsky, S., 62
Prelinger, E., 121
Quirk, R., 89
Read, C., 59
Richards, I., 102
Robillard, J., 58, 82
Robinson, E.J., 39, 41, 42, 43, 44, 45
Robinson, W.P., 39, 41, 42, 43, 44
Rogers, S., 28
Rondal, J.A., 15, 27, 128, 130
Rosentiel, A., 104, 108
Rosner, J., 60
Rozin, P., 62
Rumelhart, D.E., 102, 103, 122
Ruwet, N., 87, 88
Ryan, E.B., 34
Sachs, J., 23, 25
Sack, H.G., 71

Sakamoto, T., 62
Salu, M., 83
Scholl, D.M., 34
Shwartz, R.G., 70
Shankweiler, D., 60
Shatz, M., 22, 23, 25
Shipley, E., 35
Shultz, T.R., 58, 72, 74, 75, 82
Sigurdsson, T., 24
Simon, D.P., 60
Sinclair, A., 15, 17
Slama-Cazacu, T., 89
Slobin, D.I., 58, 67, 94
Smiley, S.S., 56
Smith, N.V., 58, 104, 109, 110
Snyder, A.D., 28
Sotsky, R., 62
Spontak, R., 71
Steger, J.A., 66
Stojak Caplan, J., 98

Sutton-Smith, S., 74, 121
Thompson, S., 89
Thorndyke, P., 122
Trelles, C., 24
Ulenbeck, E.M., 89
Valian, V., 98
Van Hekken, S.M.J., 47
Vellutino, F.R., 66
Venezky, R.L., 59
Vergeer, M.M., 47
Vigotsky, L., 18, 21, 22, 78
Visser, T., 52
Weeks, T., 22
Wellman, H.M., 47
Whitehurst, G.J., 39, 40, 43, 44, 56
Winner, E., 104, 105, 106, 107, 108, 109, 111, 112, 114, 115, 116
Yaguello, M., 16
Zakharova, A.V., 28

Table des matières

PREAMBULE 7
INTRODUCTION 9
1. Définition 9
   a) La métacommunication 10
   b) La réflexion sur le système linguistique 12
2. Le caractère explicite de la connaissance et de la réflexion métalinguistique 13
3. Les contextes générateurs d'expériences métalinguistiques 17
4. Aspects de la connaissance métalinguistique abordés dans le présent ouvrage 18

CHAPITRE 1. Aspects du contrôle des énoncés en cours de production 21
1. L'ajustement du discours au niveau linguistique de l'interlocuteur 21
2. Les autocorrections 28
3. Conclusions 33

CHAPITRE 2. L'analyse de la valeur informative des messages 35
1. La détection de l'insuffisance présente dans l'information fournie 36
   a) Détecter une lacune dans des instructions 36
   b) Détecter les ambiguïtés référentielles 38
2. La détection des incohérences présentes dans l'information fournie 48
3. Conclusions 54

CHAPITRE 3. La prise de conscience de la structure phonétique de la langue 57
1. La sensibilité à la composante phonétique de la langue 57
2. L'analyse du discours en phones et en syllabes 59
   a) Premières données empiriques 59
   b) Segmentation en phones et apprentissage de la lecture 61
3. Conclusions 65

CHAPITRE 4. La réflexion sur les aspects sémantiques de la langue ... 67
1. La sensibilité à l'étage sémantique de la langue 67
2. Les jugements d'anomalie sémantique 68
3. L'explication des ambiguïtés linguistiques 72
4. La conception du mot chez l'enfant 75
   a) La définition du mot «mot» 75
   b) L'arbitrarité du signe linguistique 78
   c) La nature non physique des mots 79
   d) La distinction entre la signification et la référence 80
5. La réflexion sur les aspects pragmatiques du langage 81

CHAPITRE 5. Les jugements d'acceptabilité grammaticale 87
1. Contexte théorique 87
2. Données développementales 93

CHAPITRE 6. Le développement de la métaphore et des compétences littéraires 101
1. Qu'est-ce qu'une métaphore? 101
2. Le développement de la compréhension des métaphores 104
3. Le développement de la production des métaphores 111
4. L'art de raconter et de créer des histoires 118

CONCLUSION 127